# 凜凜烈烈　日本サッカーの30年

## 人は、プレーは成熟したのか

田村修一

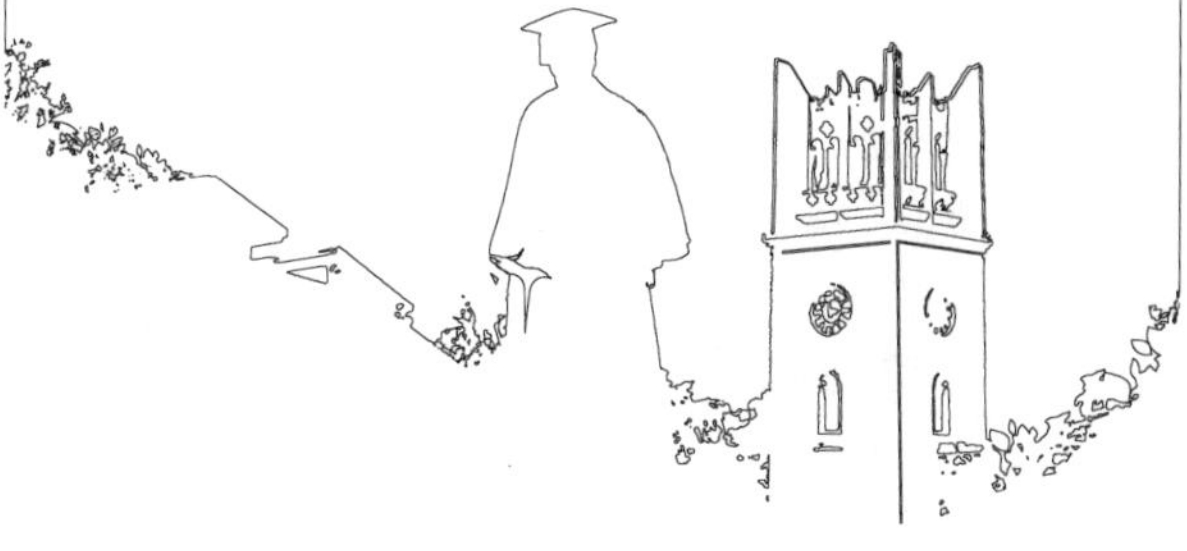

早稲田新書
006

目次

# 序　章　賛辞と落胆

試合終了のホイッスルが鳴っても、劇的な幕切れの衝撃がまだ全身を満たしていた。だが、心はその余韻に浸りながらも身体は自然と動く。試合前から目星をつけていた電話を掛けやすい場所――大抵は監督会見ルーム近くの廊下やスペース。この時は、会見ルーム前のテーブル――に素早く移動して、ふたりの元日本代表監督と連絡を取った。ひとりはイビチャ・オシム、もうひとりはフィリップ・トルシエである。私はサッカーW杯（ワールドカップ）ロシア大会ラウンド16のベルギー対日本戦があったアゾフ海に面した保養地、ロストフナドヌ（ドン川に面したロストフの意）のロストフアリーナにいた。２０１８年７月２日、現地時間の午後9時キックオフで始まった試合は11時すぎに終了し、時計の針はもう少しで日付をまたごうとしていた。日本戦の後でふたりに話を聞くのは、ここしばらくのワールドカップにおける私のルーティーンワークであった。

ふたりの第一声は対照的だった。

トルシエが「何を言えばいいのか……」と言葉に詰まり、93分49秒（公式記録では94分）の失点で日本が敗れた試合への無念と、日本サッカー史上最高の快挙達成を逃したことへの悔しさを露わにしたのに対し、オシムは「君らは運がよかった」と日本がＦＩＦＡ（国際サッカー連盟）ランキング世界第3位のベルギーを相手に、一歩もひかぬ戦いで互角の勝負を演じたことに心から満足した様子だった。

「幸運なことにあなた方は、今後の予選でもまた別の試合でも、再び自分たちが勝てると信じられるようになった。日本はどんな試合でも戦える。そして最後には、これだけの素晴らしい試合が見られたという喜びが残った」

さかのぼること8年前、W杯南アフリカ大会で日本がパラグアイを相手に、ラウンド16でPK戦の末に敗れたとき、オシムは落胆を隠さなかった。

「本当に残念だ。自分で対戦相手を選べるとしても、パラグアイ以上にやりやすい相手は他にない。後から分析した時に、日本はベスト16に進んだ中で最弱チームと対戦したことに気づくだろう。自分たちよりも強くない相手と対戦する幸運に恵まれながら、さらに先に進むチャンスをみすみす逃してしまった。残念としか言いようがない」

2度目のワールドカップとなった岡田武史監督の下で臨んだ南アフリカの地で、日本が選んだのは弱者の戦いだった。志向した攻撃サッカーに行き詰った岡田ジャパンは、自分たちよりもFIFAランキングでもピッチ上の実力でも上回る相手（カメルーン、オランダ、デンマーク）に対して、守備を固めてカウンターアタックでチャンスを狙うやり方を最後の最後で選択した。自分たちの弱さを前提とした上で泥臭く勝利を目指す。勝つために、弱者の戦い方を選ぶのは恥ではない。そこに岡田ジャパンの「開き直り」と「精神的な強さ」があった。

その戦いは実を結んだ。だが、衝撃でもあった。緒戦となったカメルーン戦の朝、たまたま用事で立ち寄ったホテルで、代表テクニカルスタッフの和田一郎（後の日本代表コーチ、現名古屋グランパスコーチ）と会った。私の顔を見ると和田は、「カメルーン戦の準備はすべてできました。対策もきちんと立てました。大丈夫だと思うんですよねえ……」と笑顔で言って、そそくさと去っていった。

ワールドカップイヤーに入ってから日本は低調を極めた。2月の東アジア選手権（現在のEAFF E-1サッカー選手権）では中国と引き分け、韓国には完敗して第3位。アジアカップ予選でバーレーンを破ったものの、4月7日の親善試合（大阪、長居）ではセルビア（0対3）に、5月24日の壮行試合（埼玉）では韓国（0対2）に連敗。とりわけ得点力不足は深刻で、それはオーストリア合宿に入ってからも変わらなかった。イングランド（1対2）とコートジボワール（0対2）に連敗し、日本は大きな不安を抱えたままジンバブエ経由で南アフリカに入ったのだった。

岡田は悩んでいる。今回は日本には期待できない。私を含めほとんど誰もがそう思っていたから、和田の言葉は意外だった。だが、試合を見て、このことだったのかと納得できた。日本はカメルーンにサッカーをさせなかった。意図的にスローペースな試合展開に持ち込んで、カメルーンの個の力を封じ込め、破壊力のある攻撃を見事に無力化した。攻撃は松井大輔、大久保嘉人、本田圭佑の3人だけが頼り。その松井からのクロスをファーポストで受けた本田が決めたゴールが決勝点となり、日本は狙い通りの戦いで難敵から勝ち点3をもぎ取ったのだった。

ただ、理解はできたが釈然とはしなかった。それはこの試合のプレスオフィサーを務めていたリカルド・セティヨンも同じだった。ブラジル出身のジャーナリストであるセティヨンは5カ国語を自在に操り、ヨーロッパを拠点に取材活動をしながらワールドカップのようなイベントの際にはＦＩＦＡやブラジル協会の仕事も請け負っていた。日本の雑誌にも多く寄稿し、日本サッカーもよく知るセティィヨンの声は怒りに震えていた。

「日本はいつからこんなチームになってしまったんだ。これまでのことを日本はすべて捨てたのか。私には理解できない！」

私も同じだった。怒りに溢れながらも、海外メディアならきっとこんな見方をするだろうと、客観的な評価のつもりで「ワールドカップ史上に残るアンチフットボール。ワールドカップの歴史を後に振り返った時に、アンチフットボールの典型として引き合いに出される試合」とつぶやいた私のツイッターは、しばらく後に炎上した。

第2戦以降も、日本の戦いはブレなかった。守備をベースに徐々に攻撃にも転じる余裕ができ、優勝候補のオランダにはヴェスレイ・スナイデルのミドルシュートで敗れたものの、デンマークには本田と遠藤保仁のフリーキック2発と岡崎慎司のゴールで快勝。グループ2位でノックアウトステージへと進んだのだった。このころには私も、自分たちの弱さを認めるところからスタートした日本の戦いを、素直に肯定できるようになっていた。

だが、迎えたラウンド16のパラグアイ戦は……。どちらも相手の攻撃を待って勝負を仕掛けない。パラグアイもそうだが、日本もリスクを冒す勇気を欠いていた。両者腰の引けた戦いは延長でも決着がつかず、ＰＫ戦へと突入し、３人目のキッカー駒野友一が外した日本は準々決勝進出を逃したのだった。

振り返ると同じラウンド16の敗北でも、南アフリカ大会とロシア大会では内容も意味するものもまったく異なる。２００２年の日韓ワールドカップで、日本が初めてラウンド16に進んだ時とはさらに違う。

トルシエが語ったように、ベルギー戦の決勝点は日本の経験不足と未熟さが生んだ失点であった。

「日本は最後まで攻撃の意志を示し、ＣＫでも積極的に点を取りにいった。その点は評価できても、全員をあんなふうに前線に上げてしまうべきではなかった。80メートルのカウンターアタックを食らっての94分の失点。ナイーブという以上のものだ。ベルギーが勝利を得たのではない。日本が負けた。そこは監督とともに選手にも責任がある。彼らは得点を決めにいって上がったのだから。本田の惜しいフリーキックもあった。選手はかさにかかろうとしていたが、あの場面ではガイドが必要だった。監督が彼らにそこまですべきではないとしっかり指示を出すべきだった。あまりにナイーブで、ベルギーはそれを即座に理解した。GKはボールをキャッチするとすぐに味方にリリースした。こんな結末で試合を失うことは、普通は考えられない」

そして彼はこう結論づける。

「日本には自分たちのスタイルを貫き通して勝つか、貫き通して負けるかしかなかった。それが実際に起こったことだ。ベスト8の席は用意されていた。しかし経験の欠如とナイーブさによりその席は得られなかった」

オシムはベルギー戦に、日本が歩んできた確かな道のりを見た。

「あなた方はここまでやって来たことに間違いはなかったと確信を持っていい。他の国のことばかりを考えるべきではない。自分たちのことをもっと考える。もう一度、何が最もよくてどこを目指すのか。それをはっきりと意識して歩みを進める。より遠くまでだ。それには勇気がいるし、プレーのクオリティーも必要だが、今日、あなた方が示したのはもっとできるということだった」

ベルギーは、日本をあまり見ていなかった。彼らが見ていたのは、日本戦の次に対戦するであろうブラジルだった。試合前の選手たちのコメントもメディアの論調も、日本に対して軽く触れた後は、大一番となるはずのブラジル戦に関心が向けられた。

もちろん日本についても、ひと通りの分析はしていた。だが、普通に戦えば勝てる。ブラジル戦に向けて、日本を相手にあまり余計なエネルギーは使いたくない。そんな雰囲気さえ漂っていたと、準決勝のフランス対ベルギー戦のためサンクトペテルブルクに向かう列車のなかで隣り合わせたベルギー人記者は私に語った。

前半のベルギーを見る限り、点は取りにいくが無理はしないという戦い方だった。ところが後半、原口元気と乾貴士のゴールで瞬く間に2点を日本に先行されて、本気で攻めざるを得なくなったベルギーがとったのが、日本が苦手とするパワープレーだった。それでもヤン・フェルトンゲンの、シュートともつかない山なりのヘディングシュートが決まらなければ、日本のペースで試合が進んだのかも知れないが……。

この1点でベルギーは息を吹き返し、試合の行方は一気にわからなくなった。そしてマルアン・フェライニに同点にされた後も、日本は90分で決着をつけるべく、最後まで攻撃の手を緩めなかった。

もしも監督が西野朗ではなくヴァイド・ハリルホジッチであったなら、アディショナルタイムの失点はあったのだろうか。西野に負けず劣らず攻撃志向であったハリルホジッチだが、カウンターアタックへのケアは常に怠らなかった。また守備にベースを置く岡田武史であったら、あの時間帯に総力をあげて攻めていっただろうか。延長を視野に入れてゲームを無事に終わらせることを優先していただろう。あるいはオシムやトルシエが監督であったならば……。

トルシエの言うように、相手に数的優位を作られてのナイーブな失点であった。経験不足というのも正しい。だが、ナイーブさや経験不足があの場面で露呈したのは、西野が攻撃サッカーを志向し、ベルギーに対しても一歩もひかずに真っ向勝負を挑んだからだった。打ち合って差し違えるのは西野のスタイルであり、彼のサッカー哲学であるとも言える。攻守の切り替えが速くスピーディなハリルホジッチのスタイルでは、別の場面でナイーブさが露呈したであろうし、岡田の守備的なスタイルでも異なる状況でナイーブさを露わにしていただろう。ナイーブさを露呈したうえで、勝っていたかも知れないし負けたかも知れない。

もちろん敗れた責任は監督である西野にある。だが、西野が監督であるから日本は敗れたのではなく、西野も含め選手たちが――つまり日本サッカー自体がナイーブであったから負けた。優勝候補の一角であるベルギーをあと一歩のところまで追いつめるほどに進化し成熟しながら、彼らを破ってサッカー大国の中に伍していくにはまだナイーブであり経験不足だった。それがベルギー戦のナイーブさの実態で、同じラウンド16の舞台に立ちながらそこまでの勝負に持ち込めなかった２００２年日韓ワールドカップや２０１０年南アフリカワールドカップとの違いである。ベルギー戦の敗北は、日本が今の自分たちの等身大の姿を世界に誇示した敗北であった。

「ディフェンスは連動して戦えていた。守備から攻撃へのアクションもよかった。ガーナ戦（5月30日、横浜。ロシアワールドカップ壮行試合。0対2で敗北）に続き決定力は課題だが、アプローチは悪くなかった。選手のコンディションもよく、躍動感があり攻守に高い水準のパフォーマンスが発揮されている」

スイス戦後の西野のコメントは連敗の後とは思えないほどポジティブだった。もちろん反省点や改善すべき点も多くあげている。だが、何よりも驚いたのは、西野の言葉と態度に日本では見られなかった落ち着きと余裕があったことだった。日本での西野は、会見でも言葉に力はなく、視線が定まっているとは言い難かった。心のうちの葛藤や迷いが、そのままストレートに態度に現れていた。

2018年6月8日、スイス、ルガノ。6月1日に日本を発った日本代表は、オーストリア・チロル州の保養地ゼーフェルトで直前合宿をおこない、ルガノに遠征してスイス代表と対戦した。結果はガーナ戦と同じく0対2の敗北。しかし3バックにトライし、すべてが手探りだったガーナ戦に比べ、同じ敗戦でもスイス戦はチーム構築の成果がディテールに現れていた。4月9日の監督就任以来、限られた時間の中で納得のいく準備ができたのだろうなと思った。

戦術オプションとしての3バックのテストから始まって、やりたかったことは全部できたのだろうし、メンタル面の強化――チームの結束力を高めることもできたのだろう。事実、本番前の最後のテストマッチとなったパラグアイ戦（6月12日、インスブルック）は、フランス対アメリカ戦（6月9日、リヨン。1対1の引き分け）の取材などのため見ることができなかったが、初戦の相手コロンビアの仮想敵国であるパラグアイに先制されながら、乾貴士の2ゴールなどで逆転して4対2と快勝した。西野はここでも選手のテストを重ねた。上向きのチーム状態とポジティブな気持ちを抱きながら、日本は決戦の地ロシアへと向かったのだった。

ロシアW杯は、私にとって集大成となるはずの大会だった。ハビエル・アギーレが、リーガ・エスパニョーラのサラゴサ監督時代の八百長疑惑と、アジアカップ（2015年、オーストラリア）でのベスト8敗退（対UAE。1対1、PK戦4対5）により日本代表監督を辞任し、ヴァイド・ハリルホジッチが後任として来日したときから、日本代表は私の中で大きさを増した。

それまでに私は、フランス語を話すふたりの日本代表監督と深く関わってきた。1998年にフランスW杯で知り合ってから2002年日韓大会ラウンド16のトルコ戦までの、フィリップ・トルシエとの筆舌に尽くしがたい濃密な4年間。2003年にジェフ市原の監督に就任して07年11月16日に脳梗塞で倒れ、日本代表監督を辞任するまでが長い長いプロローグであったかのような、お互いのすべてをぶつけ合いながら10年以上にわたり継続的にインタビューを続けたイビチャ・オシムとの日々。ある時、アシマ夫人から「あなたとのインタビューは本当に大変なんです」と言われたこともあった。

トルシエとオシム。オシムとトルシエ。彼らの後に現れたのがハリルホジッチだった。コーチヴァイド（フランスではこのニックネームで呼ばれることも多い）は、3人目のフランス語を喋る日本代表監督であり、その経歴からも人柄からも、そしてもちろん監督としての資質や実績からも、ひとりのジャーナリストがすべての精力を費やして対峙《たいじ》すべき人物だった。ハリルホジッチこそは、私が大きな仕事をする最後の代表監督になる。そんな予感がした。

だが、ことはそう簡単ではなかった。そして結果から言えば、ロシアW杯は私の集大成にはならなかった。それは大会の2カ月前に、ハリルホジッチが突如監督の任を解かれたからばかりではない。もちろんそれも大きな理由のひとつではある。彼の下で大会に臨んだ代表がグループリーグを突破し、ラウンド16でベルギー相手に大善戦していたら、あるいは大番狂わせを演じていたら、大会後に彼に関する著作を著していただろう。たとえグループリーグで敗退していても、そうしていたかも知れない。

ハリルホジッチに関して感じていた違和感、もどかしさは、トルシエやオシムのようには、あるいはボラ・ミルティノビッチやエメ・ジャケ、アーセン・ベンゲルのようには、ハリルホジッチとの距離を詰められなかったことだった。さらに問題なのは、その理由を私がいまだよくわからずにいることであった。

もう少し親密になっていれば、私にも何かできたのではないか。彼があのような格好で解任された後では、その思いは今も強く残っている。それだけハリルホジッチは、孤高であり孤独であるように私には見えた。もちろん彼の周囲には、フランス人スタッフも日本人スタッフもいた。技術委員会のサポートも受けていた。だが、彼が心を開いてすべてを話せる人間が、そこにはいなかった。そしてハリルホジッチ自身は、そんな人間がいなくて寂しいとか、何か問題があるとは思っていなかった。孤独であり孤高であるのは彼の日常であり、それでも自分の言葉は正確に周囲に伝わり理解されていると思っていた、というのが私の印象である。

トルシエは、自分が誰を必要としているかを本能的にわかっていた。どこに行っても彼は、心のガス抜きができる人間を傍に置いている。日本代表ではそれはフローラン・ダバディであり、カタール代表ではアテム・スーシ（アシスタントコーチ、現モンゴル協会セネラルマネージャー）であり、FC琉球ではダヴィッド・コボス（通訳）であった。ダバディにもコボスにも、トルシエは精緻な通訳を求めてはいない。求めたのは常に傍にいてサッカーの話から下世話なジョークまで、トルシエのすべてを受け止めながら、ときにアドバイスも与えることだった。日本人通訳ではそれは難しい。トルシエにとっては、それはフランス人またはフランス語を母国語とする人間（アテムはアルジェリア人）でしかあり得なかった。また私もジャーナリストであり日本人でもあったが、恐らくは同じような立場だったのだろうと思う。

オシムの場合は、家族と共に日本にやってきた。単身赴任のケースがほとんどのヨーロッパ人の監督では、これは珍しいことである。通訳を介してしか考えを伝えられないもどかしさを最後まで彼は感じていたが、孤独ではなかった。ひと一倍観察眼に優れ、周囲の人間との距離の取り方が絶妙だった。ジェフ市原の時代から私も何度か彼に挑発され、それをきっかけにして会話が深まっていく。そうした会話をオシム自身が楽しんでいた。

ハリルホジッチはそのどちらでもなかった。お互いにあと一歩あゆみ寄っていれば、トルシエやオシムと同じような関係になっていたのかも知れない。だが、それは、監督であった彼よりも、ジャーナリストの私がすべきことだった。ジャーナリストとしての私の要求に、ハリルホジッチはほとんどすべて誠実に応えてくれていたのだから。そしてコミュニケーションにおいて彼は、不器用な器用さを発揮するトルシエや、器用な不器用さを見せるオシム以上に不器用――不器用な不器用さともいうべき――であったのだから。人の言葉を彼はストレートに信じる。そんな人間に対し、自らの意志や感情をストレートにぶつけるほど私ももう若くはなかった。そしてこの場合の若さの喪失は、成熟とは別のものだった、ということなのだろう。

さらにハリルホジッチは、今日のフランスではほとんど忘れられているオシム——EURO68準々決勝、フランス対ユーゴスラビア戦（マルセイユでの第1戦は1対1、ベオグラードの第2戦は5対0でユーゴの勝ち上がり）でオシムがフランス全土に与えたインパクトは強烈だったが——はもちろん、フランス人のトルシエ以上にフランスの監督だった。日韓W杯後にはフランス代表監督候補にリストアップされ、その後名門オリンピック・マルセイユの指揮も執ったりしたトルシエだが、実績をあげたのはアフリカでありアジアの日本である。監督としてのトルシエは、フランスではマージナル（周縁的）な存在である。ハリルホジッチは違う。現役時代にはFCナントで2度の得点王に輝き、監督としても2部のリールを1部に引き上げたうえに、UEFAチャンピオンズリーグ出場まで果たし、パリ・サンジェルマンでも結果を残した（リーグ2位、フランスカップ優勝）。フランスのパスポートを持つ、フランスを代表する監督のひとりであり本人にもその自覚がある。チャンピオンズリーグ優勝を狙えるクラブで指揮を執りたいというのが、彼の終生の目標でもある。

私も彼はフランスの監督だと思っていた。ドイツ人のアンリ・スキバやジェルノー・ロール、ポーランド人のヘンリク・カスペルチャクがフランス人になってフランスに住み、フランスの監督になったように、リールに居をかまえるハリルホジッチも、フランス人になりフランスの監督になったのだと。だから彼に対しては、フランスのメディアがフランスの監督に接するのと同じようにしなければならないと、今から思うと訳のわからない抑制が働いた。さらに言えば、代表監督に就任する以前にほんの少しでも面識があれば違ってもいたのだろう。最初からもっと気軽に声をかけられたはずだが……。どれもこれも言い訳にすぎない。初対面から親しくなれた監督はいくらでもいたのだから。繰り返すがハリルホジッチはコミュニケーションに関して不器用で正直だが、あるいは不器用で正直であるが故に、近づくのをためらわせる何かがあったとしか言いようがなく、それが彼の問題なのか私の問題であるのかが私にはいまだにわからない。

ハリルホジッチには悲運がつきまとった。ユーゴスラビア代表のエースストライカーとして、１９８２年のＷ杯スペイン大会欧州予選ではチーム最多得点をあげた。ところが本大会では怪我もしていないのに控えに回されてしまう。レッドスター・ベオグラードなどビッグクラブから横やりが入り、屈した監督（名将の誉れ高かったミルヤン・ミルヤニッチ）がハリルホジッチをスタメンから外したのだった。ハリルホジッチがミルヤニッチから謝罪の言葉を得たのは、スペイン大会から20年近く後になってから、ミルヤニッチが逝去する直前だった。

監督として2年目のシーズンを迎えたパリ・サンジェルマンでは、彼の解任を画策する会長に扇動されたメディアにネガティブキャンペーンを張られ、コートジボワール代表では、アフリカ・ネーションズカップ準々決勝で延長戦の末にナイジェリアに敗れたことを理由に、南アフリカW杯の4か月前に解任された。それまでの成績は24戦して初戦で日本に負けた（2008年キリンカップ。1対0）だけの13勝10分1敗。コートジボワール協会はたった1枚のファックスで、彼に解任を告げたのだった。

そして日本での、さらに衝撃的なワールドカップ2カ月前の突然の解雇……。ひとつはっきりしているのは、私がハリルホジッチに連絡する機会を逸してしまったことだった。SNSを通じて直後にメッセージを送ればよかったのだが、電話をするという発想しかなく、少し時間を置いたほうがいいと思った。そうこうしているうちにロシアW杯が開幕し、慌ただしさにかまけて彼のことを忘れてしまった。気がついたのはかなり後になってからで、その時はもうFCナントの監督に就任していた。電話をするにしても何を話せばいいのかわからない。さらに時間は流れ、ナントでも、会長との不和から監督解任となった彼はモロッコ代表監督に転じた。解任後も継続的に連絡を取り合っていたら、後悔の念も少しは軽くなっていたのだろうか……。

「選手たちはいったい何を話し合おうとしているんだ?」

ジャッキー・ボヌベー日本代表コーチにミックストゾーンの片隅で声をかけられたのは、ウクライナ戦を翌々日（3月27日）に控えた、日本代表が練習を終えた直後のことだった。場所はベルギー・リエージュのアカデミー・ロベール・ルイドレフュス。元オリンピック・マルセイユ会長にしてヨーロッパ・アディダスの社長でもあった故人の名を冠したスタンダール・ドゥ・リエージュ（ルイドレフュス会長の時代にマルセイユはスタンダールと育成の業務提携をした）の練習場で、日本代表は1週間前からトレーニングをしていた。

「ヴァイドが志向している縦に速いアグレッシブなスタイルをどんな時にもやれるわけで

はない。スピーディな攻撃が難しいときにどうすればいいかを話し合いたいと彼らは言っている。だからそう気にすることはない。そこは選手の自主性に任せてもいいのではないか」

私は気楽に答えたが、普段は陽気なボヌベーの表情は硬いままだった。ハリルホジッチにすれば、自らのプレースタイルをいかに完璧にしていくかだけが課題であり、他の戦い方は考えられないし受け入れられない。プレースタイルに合わない選手は、その国最高のスターであろうとチームから外してきた。それが彼のやり方だった。長谷部誠主将が要望した選手だけのミーティングは認められず、日本はウクライナに1対2と完敗した。遠征初戦のマリ戦（3月23日、リエージュ）も、ほとんどアンダー21代表と言ってもいい若いマリに、93分の中島翔哉のゴールでようやく追いつき、1対1の引き分け。ウクライナ戦の数日後にボルドーで会ったアラン・ジレス（元フランス代表。２０１０～17年にマリとセネガルの代表監督を歴任）は「今はセネガルとマリではチームのタイプが違う。日本にとってワールドカップのセネガル戦は、マリ戦とはまったく別の試合になるだろう」としながらも、「若い選手たちが『とりあえず日本の選手の前に立っておけ』と監督に指示されただけのマリに苦戦するのだから、日本も大変ではないか」と私に語った。

ジレスの言葉を待つまでもなく、W杯アジア最終予選突破後の日本は変調気味だった。監督と選手・スタッフのコミュニケーションギャップが目立ちはじめ、その隙間を埋めることのできる人材が、トルシエの時とは異なり日本人にもフランス人にもいなかった。監督と日本サッカー協会（田嶋幸三会長）も、強い絆で結ばれているわけではなかった。そんな状況で、ハリルホジッチただひとりだけが円滑なコミュニケーションが取れていると信じていた。

それでも結果が出ていればまだいい。チームは不安を内包しながらも、W杯に向けて最後の準備に集中することができる。前回ブラジル大会のアルジェリア代表で見せた――ラウンド16で延長戦の末に優勝したドイツに1対2で惜敗――ように、直前の準備はハリルホジッチが最も得意とするところであり、そのために彼は招聘《しょうへい》されたと言ってもよかった。

だが、日本は結果を残せなかった。2017年11月のヨーロッパ遠征での連敗（ブラジルに1対3、ベルギーに0対1）は致し方ないにせよ、12月に東京で開催されたE－1選手権で韓国に1対4と完敗し優勝を逃した。「試合前から勝つのが難しいのはわかっていた。日本と韓国の間には、それだけ大きな力の差があった」と述べたハリルホジッチの試合後のコメントが火に油を注いだ。そして監督と選手の乖離が決定的な形で露わになった2018年3月のヨーロッパ遠征……。

ロシアW杯は、日本サッカーにとって失敗が許されない大会だった。「目標は優勝」とまで選手たちが豪語して乗り込んだ前回ブラジル大会は、勝ち点1をあげたのみでグループリーグ最下位で敗退。しかも唯一引き分けたギリシャ戦は、相手のキャプテンで守備の要でもあったコンスタンティノス・カツラニスが38分に2枚目のイエローカードを受けて退場になりながら、後半もアグレッシブな攻撃がまったくできずに大会最悪のゲームと世界のメディアから酷評された試合だった。同じことがロシアでも起これば、スポンサーやテレビ局、広告代理店の関心も低下する。サポーターはともかく世間一般のサッカー熱もさめる。その先に待ち受けるのは、この上もなく暗い4年間である。

田嶋にしてみれば、ハリルホジッチは自分が選んだ監督ではない。田嶋が日本サッカー協会第14代会長に就任したのは2016年のことで、その時すでに代表監督はハリルホジッチだった。トルシエやオシムをよく知る田嶋は、ハリルホジッチのコミュニケーション能力に一抹の不安を抱いていたのだろう。日本サッカーの未来を賭すべきはハリルホジッチではない。自分がよく知る人物で勝負に出る。それが田嶋の決断だった。そして彼は……、賭けに勝った。日本はベルギー相手にラウンド16で存分に渡り合い、存在感を世界中にアピールした。

田嶋がハリルホジッチの後任に指名した西野朗は、人心掌握術にたけた指導者だった。代表監督をサポートし評価する技術委員長が次の代表監督に就くという矛盾が、西野の心に葛藤を生んでいたのだろう。就任からオーストリア合宿に向かうまで、西野のメディアへの受け答えには、彼の迷える心のうちがストレートに現れていた。

西野は短期間のうちに、チームのメンタル面の立て直しに成功した。これはもし彼に4年を委ねていたら日本代表はどうなっていたかとか、あのままハリルホジッチが続けていたらどうなっていたかとは関係がない。田嶋は西野を選び成功した。だが、サッカーの世界では、答えはひとつではない。ハリルホジッチでも正解はあり得た。その思いが強いだけに、私の後悔の念がなくなることはないのだった。

# 第一章

# 悲劇から悲願へ

## ▽1993年10月28日カタール・ドーハ

「田村さんはイラク戦をどこで見ていましたか?」

三浦知良（以下カズ）にそう尋ねられたのは、2018年12月も押し詰まったグアム島でだった。イラク戦とはもちろん、アメリカワールドカップ（W杯）アジア最終予選の最終戦、日本が終了間際のアディショナルタイムに同点に追いつかれ、W杯出場を逃したいわゆる《ドーハの悲劇》のイラク戦である。

仏レキップ・マガジン誌の要請を受けてカズにインタビューを申し込んだのは、その年のシーズン開始直前の2月初めのこと。レキップ・マガジンは、レキップ社（スポーツ紙のレキップとサッカー誌のフランス・フットボールを刊行）が発行するフランス唯一の総合スポーツ誌で、ヨーロッパやアフリカに広く影響力を持つ。

だが、カズはすでに所属する横浜FCに合流しており、取材を受けるのは難しいという。チームのキャンプインからシーズン終了まで、原則として彼はメディアの取材を受けない。いちばん時間が取りやすいのが、年末年始の恒例となっているグアム島での個人合宿であると逆に提案されて、編集部と相談のうえそこまで待つことにしたのだった。年末の合宿に帯同したメディアは私だけだった。朝日も昇らない真っ暗な早朝から夕方まで、食事と休憩以外はひたすらトレーニングに打ち込む濃密なスケジュールの合間を縫いながら、練習後に膝と足首をアイシングの時間を利用して、カズは丁寧に取材に対応してくれた。

「僕は記者席で見ていました」

私が答えると、カズはさらに質問を畳みかけた。

「（イラクの同点ゴールの瞬間は）時間が止まりませんでしたか？」

アディショナルタイムに入ってからのコーナーキック。スイス人主審は、「これがラストプレーだ」と、微笑みながらラモスに告げたという。ところが予想に反してショートコーナーから上げられたクロスは、カットしようとするカズの足先をかすめるようにニアポストに到達した。わずか数センチ先を通過していったボールの感覚を、カズは今も鮮明に覚えていた。クロスが上がった瞬間に、彼はとてつもなく嫌なものを感じた。ボールがゴールに吸い込まれた瞬間、カズの時間が止まった。

私はどうだったのだろうか。あの感覚を、時間が止まったというのだろうか。記者席からは遠いサイドのコーナーキックであり、クロスに飛び込んでいった選手がカズだったことは、そのときは気づかなかった。

オムラム・サルマンのヘディング。軌道を茫然《ぼうぜん》と見送るＧＫ松永。ゴールネットに突き刺さるボール。ピッチに倒れ込む日本の選手たち……。

イメージは次々と頭に入って来るが、それが何を意味するのか理解できない。すべての思考がストップし、まるで記録映画のいちシーンのように映像だけが目に焼きついている。日本が同点に追いつかれたのだと認識するまで、たしかにカズが言うように時間は止まっていた。

ほどなく試合終了を告げるホイッスルが鳴り、日本はイラクと2対2の引き分けに終わり予選突破を果たせなかった。その事実を認め、消化するために要した膨大な時間とエネルギーに比べたら、止まっていた時間はほんの一瞬にすぎなかった。《悲劇》のトラウマはいつしか国民的な悲願に変貌した。日本がその悲願を達成するまでに、4年の歳月をようしたのだった。

「どうしよう。ワシ、もう日本に帰れん！」

金田喜稔は、ラマダルネッサンスホテルの自室の床を転げまわりながら、苦悶の声をあげた。元日本代表ＦＷ。Ｊリーグが開幕する以前、木村和司や水沼貴史らとアマチュアの日本サッカーリーグ（以下ＪＳＬ）で、１９８０年代に日産自動車の黄金時代を築いた金田は、プロ化を機に現役を退いた。１９５８年生まれの35歳（１９９３年当時）。まだまだ十分にやれる年齢であり身体でもあったが引き際は鮮やかだった。引退後は当初、日産総務部に籍を置きながら（のちに独立）テレビ解説者に転身し、シャープな語り口と鋭い分析でたちまちのうちに人気を博した。ＴＢＳテレビ系で始まったサッカー専門番組「スーパーサッカー」でも、ビートたけし、西田ひかるとともに初代ＭＣを務めていた。

その金田が、Ｗ杯アジア最終予選が始まる前、ほぼすべてのテレビ局に出演し、日本代表の予選突破に太鼓判を押した。

「日本は絶対にアメリカに行きます。大丈夫です」

金田の自信には、もちろん根拠があった。日本代表は日の出の勢いにあった。それはまた、日本サッカーそのものの勢いでもあった。

史上初の外国人代表監督となったハンス・オフトに率いられたチームは、１９９２年８月に北京でおこなわれた第２回ダイナスティカップ（１９９０年にはじまった日本、韓国、中国、北朝鮮による国際大会。第3回からは北朝鮮に代わり香港リーグ選抜が出場。1998年の第4回まで続き、2003年からは東アジア選手権、現EAFF E-1サッカー選手権として継承され今日に至る）で韓国をPK戦の末に下して初優勝を飾ると、10月に広島で開催された第10回アジアカップでは、決勝でサウジアラビアを1対0と破りアジア初制覇を成し遂げた。

翌93年も勢いは加速していった。3月のキリンカップこそハンガリーに0対1と敗れ優勝を逃したものの、W杯開催国であるアメリカは3対1で破った。翌月にはじまったW杯アジア1次予選（日本とUAEの2カ国で、日本、UAE、タイ、バングラデシュ、スリランカの5カ国が総当たり戦を1度ずつおこなう）では、最大のライバルであるUAEに日本ラウンドで2対0と勝利。UAEラウンドでも1対1と引き分けて、順当に最終予選進出を決めた。

そして5月にはJリーグが開幕。プロ野球に次ぐ日本で2番目の団体プロスポーツの誕生は、プロ野球が長い年月をかけて培ってきた日本のスポーツ文化に風穴をあけるものでもあった。親会社の名をチーム名に冠さず、企業よりも地域に密着する。地元もフランチャイズではなくホームタウン。単なる言葉の違いではなく、根本的な考え方、在り方の違いである。

だが、そうした経営形態、構造基盤など、理念に基づくハードの部分以上に、人々の心を捉えたのはJリーグの新しさであり、Jリーグが醸し出すトレンドだった。茶髪や金髪は当たり前、選手たちの自由奔放なファッションや言動は、サッカーというスポーツが本来持つダイナミックさと相まって、時代の欲求——とりわけ若者たちの欲求に応えるものだった。静のプロ野球に対して動のJリーグ。プロ野球がオジサンたちの大人のスポーツであるならば、Jリーグは台頭する若者のスポーツだった。

そこからさまざまなスターが生まれた。ブラジルから鳴り物入りで帰国した三浦知良は、そうしたJリーグブーム、サッカーブームの火付け役であり最大の推進者でもあったが、他にも北沢豪や福田正博、中山雅史、武田修宏、井原正巳ら20代半ばの選手たちが、ジーコやピエール・リトバルスキー、ラモン・ディアス、ガリー・リネカーらの大物外国人選手たちとともにブームを推進した。彼らはまた日本代表の中心でもあった。

「日本代表は日本サッカーのショウウインドウだ」とフィリップ・トルシエが後に語った

ように、代表こそは日本のアイデンティティーを具現するものであり象徴でもある。その代表が、アジアを制して世界に羽ばたこうとしている。カズ、ラモスの両エースと若い世代。オフトに率いられたチームには、洋々たる前途が開けているように見えた。

迎えたアメリカW杯アジア最終予選、日本は自信を胸に決戦の地であるカタール・ドーハに乗り込んだ。最終予選は日本、韓国、北朝鮮、イラン、イラク、サウジアラビアの6カ国が総当たりのリーグ戦をおこない、上位2カ国がW杯出場権を獲得する。アジアチャンピオンの日本は、自他ともに認める予選突破の本命だった。だが、いざふたを開けると、初戦のサウジアラビアとは0対0の引き分け。続くイラン戦を1対2で落とし、勝ち点1の日本は瞬く間に6チーム中最下位に沈んだ。金田がドーハを離れ、日本に戻るのはそんなときだった。

「大船に乗った気でいてください。日本は必ずアメリカに行けますからと、テレビの前で大見得を切ってしもうた。日本に帰りたくない。誰も知らない場所に行きたい」

そんな金田をなだめすかし、専門誌のインタビューを淡々と進める私の心も重かった。この状況を覆し、2位以内に入ってW杯出場を決めることなど不可能に思えた。日本は変わる。日本サッカーは変わる。その手ごたえも感じている。それでもアジアの壁は突破できないのか。ワールドカップとは、そこまで遠い道のりなのか。そんな思いに苛まれた。それは私だけではない、ドーハに集ったすべての日本人の、もっといえば日本で固唾《かたず》をのんで予選を見ていた人々すべての思いだったのではないだろうか。

だが、日本はよみがえった。オフトのもとでチームスタッフを務めた山本昌邦（後の日本代表コーチ、アテネ五輪代表監督）は言う。

「イラン戦の後はチームの雰囲気も暗く、食事はまるでお通夜のようでした。そのときオフトが、ボートに英語で『スリーウィン』と書いた。これからの3試合はトーナメントで、3つ勝てばいいんだと言ってニコッと笑った。それでその場の雰囲気がガラッと変わって、まるで暗闇に一条の光が差しこんだようでした」

カズはオフトの言葉を覚えていなかった。自分のことしか考えていなかったから、ちゃんと聞いていなかったかも知れないと本人は言うが、チームのエースであり、点取り屋でもある選手のメンタリティーとは、そういうものであるかも知れない。

オフトの言葉が効いたのか、日本は北朝鮮戦を3対0で快勝すると、宿敵・韓国もカズのゴールで1対0と下し、グループ首位で最終のイラク戦を迎えた。運命のイラク戦である。決して侮れる相手ではない。実力はむしろ日本より少し上。しかも日本との勝ち点差はわずか1。最下位の北朝鮮を除き、5カ国に突破の可能性があった。とはいえ日本は、勝てばもちろん引き分けでも、条件次第でアメリカ行きのチケットを獲得できたのだが……。

## ▽オフトジャパン誕生以前

オランダ人のハンス・オフトが日本代表監督に就任したのは1992年3月17日のことだった。その10年前、82年にJSL2部のヤマハ発動機（現ジュビロ磐田）に短期コーチとして招かれたオフトは、わずか2カ月でヤマハを1部に引き上げ、天皇杯では初優勝をもたらす手腕を発揮した。また2年後の84年にはやはりJSL2部のマツダ（現サンフレッチェ広島）のコーチ（後に監督）に就任すると、85年に1部昇格、87年1月1日には天皇杯決勝に進出するという実績を残していた。

当時の日本サッカーは、どん底からはい上がろうと必死にもがいていた。1968年メキシコ五輪で銅メダルを獲得し、釜本邦成、杉山隆一のふたりを中心に盛り上がったサッカーブームは、五輪予選をはじめとする国際大会で敗戦を重ねるうちに下火となり、70年代後半から人気・実力ともに失った日本サッカーは低迷を極めた。日本リーグの観客動員は下降線を辿り、1977年には1試合平均1773人にまで落ち込んだ。どんぶり勘定で水増しした数字である。実際は1000人を下回っていたとみられている。客が入る試合といえば、海外からスーパースターが所属するクラブを招待した日本代表の国際親善試合と、80年から東京開催となったトヨタカップ（インターコンチネンタルカップ）、日本テレビの全面的なバックアップで全国規模の人気を博した高校選手権、それに元日恒例の天皇杯決勝ぐらい。ただ、高校選手権決勝で国立競技場が満員になることはあっても、天皇杯決勝はせいぜい2万人か3万人が初詣のついでに国立にも足を向ける。それが日本の現実であった。

ただ、そうした状況の中から、上昇の兆しがいくつか見えはじめていたのもまた事実だった。1969年に創設された読売クラブは、大企業の福利厚生という形態によってのみ発展してきた日本のアマチュアスポーツ界において、選手や監督と年俸契約を結ぶ実質的なプロクラブであった。その読売と、加茂周監督のもと、すべての面で読売を1ミリだけ上回る「1ミリ作戦」でチームを構築した日産自動車が、80年代に入るとJSLの覇権を握った。

従来のアマチュアスポーツでは、閉塞状況を打破できないという事実を、読売と日産は示したのだった。

日本サッカーそのものも、希望と限界の両方が露呈した。1985年のメキシコW杯最終予選と87年のソウル五輪最終予選は、ともに韓国と中国に敗れて本大会出場を阻まれた。最終予選決勝まで行ったのは快挙だが両国の壁は厚く、突破は容易ではないことを改めて思い知らされた。

だが、クラブレベルでは、86年に古河電工がアジアクラブ選手権で初優勝を果たした。古河は三菱や日立と並ぶ財閥系のアマチュアチーム（いわゆる丸の内御三家）だが、9シーズンを西ドイツのプロクラブ（1FCケルンとヘルタ・ベルリン、ベルダー・ブレーメン）で過ごし帰国した奥寺康彦は、木村和司（日産自動車）とともにJSLで初めてプロ契約が認められた日本人選手であり、彼の存在なくしてはあり得ない優勝だった。翌87年には読売クラブが日本勢として連覇を成し遂げ、90年には日産が決勝に進んだ。アジアチャンピオンを決める大会でありながら、日本ではまったく人気がなくメディアもほとんど取り上げなかったため世間の関心も低かった――さらにいえばバレーボールなどはアジアでは勝って当たり前、勝てないサッカーは当たり前以下と見なす風潮が、当時の日本にはあった――が、クラブレベルで日本は代表より一足先にアジアの頂点に立ったのだった。

さらに1990年には、三浦知良がブラジルから帰国した。82年12月に15歳で高校を中退し、単身ブラジルに渡ったカズは、日本では決して経験することのない様々な試練――ブラジルではプロになるための当たり前の試練でもあるが――を乗り越えながら、ペレを生んだ名門サントスとプロ契約を結び、キンゼ・デ・ジャウーでトップ選手の地位を確立した。当時まだ23歳。読売クラブへの移籍は、サッカー大国ブラジルで名を馳《は》せたプロの、鳴り物入りの帰国だった。

カズとラモス瑠偉が加わった日本代表も、上昇の兆しを見せた。ふたりの初戦となった北京アジア大会こそサウジアラビアとイランに連敗してグループリーグ敗退に終わったものの、翌91年の第12回キリンカップでは、ベベットとビスマルクのバスコ・ダ・ガマを2対1、W杯得点王のガリー・リネカーを擁するトッテナム・ホットスパーを4対0と下して初優勝を遂げた。だが、その勢いに乗じて臨んだ長崎・諫早での日韓定期戦は、ベテランを揃えた韓国の老練さの前に、攻撃力を封じられて0対1で敗れた。韓国にはこれで6連敗。横山謙三監督は限界を露呈し、監督の交代は急務だった。

そのころ私はといえば、サッカーとの関わりを深めていた。１９６２年創設の由緒あるサポーターの集まりである「日本サッカー狂会」に90年10月に入ると、そこで知り合った友人の勧めでパソコン通信サービス大手ニフティサーブのサッカーフォーラムにも加入した。サッカーでの人間関係が一気に広がり、それまでは年に1度のトヨタカップと日本代表戦ぐらいしかスタジアムに足を運ばなかったのが、ＪＳＬや天皇杯、アジアのカップ戦なども見に行くようになった。サッカーフォーラムではいろいろ書くうちにサブシステムオペレーター（サブシス）を任されるようになり、ＪＳＬ事務局と掛け合って、サッカーフォーラムがＪＳＬの試合を観戦取材できる許可を取りつけた。ＪＳＬ最後のシーズンとなった91～92年は、記者席で試合を見ることができるようになった。どこにでもいるちょっと熱心なサポーターから熱狂的なサポーターへ、そして《なんちゃって》ではあったがジャーナリストへと、一気に三段跳びである。さらに92年になると、Ｊリーグ開幕に向けて創刊された新雑誌ジェイレブに原稿を寄稿するようになった。「フットボールアナリスト」という肩書の名刺も作り、いちおうプロフェッショナルなジャーナリストとして、サッカーの世界に本格的に足を踏み入れたのだった。

「ほう、サッカーで飯が食えるようになりましたか」

名刺交換をした金子勝彦（岡野俊一郎・元日本サッカー協会会長とのコンビで、アナウンサーとして長く日本で唯一の海外サッカー番組であった三菱ダイヤモンドサッカーの実況を担当したサッカーメディア界のレジェンドのひとり）にそう言われたのは、ハンス・オフトがドーハでのW杯アジア最終予選に向けて、スペインで合宿を敢行した93年9月のことだった。

合宿期間中に設けられた選手のメディア対応の時間、金子とラモスの会話を傍らでずっと聴いていた。タッチライン際の芝生に座るラモスの脚をそっと撫《な》でた金子は、柔和な目で感じ入ったようにラモスに話しかけた。

「本当に細い脚だよね。でもこの細い脚で、これまで信じられないようなプレーをたくさんしてきた。そしてこの細い脚が、これからも日本の力になるんだよね」

アンダルシアの暖かい日ざしのなか、選手たちはそれぞれ寛いで記者と歓談している。その中でカズだけが、ピッチの周囲を黙々と走っている。カズが傍らを通り過ぎるたびに、「シャチョー、何そんなに練習してるの⁉　そんなにやってもうまくはならないよ‼」とラモスが檄を飛ばす。

ラモスが金子に返す言葉も、他の記者への言葉とはまったく異なっていた。緊張で食事が喉を通らない。朝は缶コーヒーを1本飲むだけで練習に臨んでいる。数カ月前からそんな日がずっと続いている……。普段、メディアの前で晒している激しさが消えて、信頼できる人物に心の底を吐露している姿は、静謐《せいひつ》であるがゆえに彼が抱いている緊迫感が逆に強くにじみ出ていた。

こんなインタビューがあるのかと思った。こんな話の聞き方があるのかと。自分には絶対に真似できないし、金子と同じ年齢になっても絶対にできそうにない。活字にもならなければどこにも放送されなかったふたりの会話に、私は圧倒され計り知れない衝撃を受けた。だが、それはもう少し先のこと。「フットボールアナリスト」の名刺を作成したころの私は、ジャーナリストというのは名ばかりの右も左もわからない存在であり、特に誰からも必要とされていない存在だった。

ジャーナリストとして最初に取材した国際大会は、1992年秋（10～11月）に広島で開催されたアジアカップだった。だが、日本が史上初めてのアジア制覇を成し遂げた大会の最後を、私はサポーターたちとともに過ごした。準決勝と決勝は、記者席ではなくバックスタンドで日本サッカー狂会の会員たちとともに応援しながら観戦したのだった。

記者になったとはいえ、話ができる相手など誰もいない。突然現れた、どこの馬の骨ともわからないフリーランスのジャーナリストに、現場の記者たちは胡散臭い目を向ける以外まったく注意を払わなかった。挨拶をしても、「こいつ誰？　なんでここにいるの？」という反応で終わり。当然のリアクションとはいえ、正直堪えた。ジャーナリストを名乗った時点で、世間の目・世間の評価は、例えばセルジオ越後と私を同じレベルで見る。こちらはまだ駆け出しで、セルジオと比べたらほんの赤ん坊にすぎず、序列は明らかでも同じ土俵に立つメディアの人間と見なす。そこで自分は何をすればいいのか。居場所を確保するにはどうすればいいのか。そんなことを漠然と考えていた。

そして立ち返ったのが、知り合って間もない狂会の会員たちだった。後に彼らとの決別のときも迎えるが、日本代表をこれだけ愛し、身も心も金銭もすべてを捧げている彼らに寄り添う存在になりたいと、そのときは心から思った。

とはいえジャーナリストとして得たこともあった。ひとつはイラン人ジャーナリストたちとの議論だった。

日本のグループリーグ最終戦、対イラン戦はタフなゲームだった。準決勝進出のために勝利が必要な試合で、日本はイランの抵抗に苦しんだ。相手の退場により後半の早い時間に11人対10人の戦いになりながら、イランゴールを崩せない。85分に決まったカズの決勝ゴールは、井原正巳からパスを受けたカズのポジションがオフサイドであるように見えた。だが主審はゴールを認め、日本の準決勝進出が決まった。

イランプレスは怒りが収まらない。本国から派遣された10数人の記者たちは、試合の翌日もメディアセンターで侃々諤々《かんかんがくがく》の議論を繰り返していた。話題はもちろんオフサイドか否かである。ペルシャ語はまったく理解しないが、彼らが何を話しているかはわかった。その会話に加わったただひとりの日本人メディアとして、彼らに答えねばならないということも。

「私もオフサイドだと思う。結果が逆になって申し訳ない」と彼らに言おうとしたときに、テレビのモニターが問題の得点シーンのリプレイを流した。「ミスジャッジで日本が準決勝に進んで申し訳ない」と謝罪も覚悟した。だが、スローモーションで再現された得点シーンでは、井原のパスを受けたカズはギリギリのところでオンサイドだった。事実を確認したイラン人記者たちは、一斉に口をつぐみプレスルームはいきなり沈黙に包まれた。笑顔を浮かべて私が「オンサイドだった」と言っても、誰も何も言い返さない。国際的な舞台で、日本人ジャーナリストして自分が何をしなければならないかを、初めて意識した瞬間だった。

## ▽日本サッカーの暗黒時代

「日本のアジアトップへの復帰を歓迎したい」

ＡＦＣ（アジアサッカー連盟）の書記長を長く務めたダト・ピーター・ベラパンは、日本が3連覇を目指すサウジアラビアを下して初優勝を飾った広島・アジアカップ終了後の記者会見でそう語った。そのベラパンの賛辞に、牛木素吉郎は異を唱えた。

「日本はこれまでアジアのトップであったことはない。復帰ではなく初の頂点であるというべきだ」と。

読売新聞の記者を長く務めた牛木は、１９７０年メキシコ大会からＷ杯を取材し、また読売サッカークラブの創設に関わるなど、戦後日本を代表するサッカージャーナリストのひとりである。

牛木の言うように、日本はそれほどまでにアジアで弱かった。森孝慈監督のもと、木村和司や加藤久、金田喜稔、原博実らを擁し、満を持して臨んだ1984年4月のロサンゼルス五輪予選は、初戦でタイのピヤポンにハットトリックを決められて2対5で敗れると、会場となったシンガポールの暑さに消耗して態勢を立て直せずにマレーシア、イラク、カタールに連敗。1勝もできずに終わった。対戦相手のスカウティングも現地の暑熱対策もまったく不十分で、出鼻をくじかれた日本になす術は何もなかった。

アジアを東西に分けて苦手の中東勢との対戦が避けられた85年のメキシコW杯予選は、運にも恵まれて韓国との最終予選まで進んだ。だが、ホームの東京・国立で1対2、アウェーのソウルで0対1と連敗。木村和司のフリーキックは伝説として残ったが、両者の力の差は明らかだった。さらに2年後のソウル五輪予選でも、西ドイツ（当時）から帰国した奥寺康彦を加えて、石井義信監督に率いられた日本は中国との最終予選に勝ち上がった。ところが広州での第1戦を1対0で制しながら、国立に戻っての第2戦は0対2と完敗。得点チャンスも開始早々の手塚聡のシュート以外はまったくなく、後には絶望感しか残らなかった。

１９６８年メキシコ五輪以降は、アジアの壁にことごとく跳ね返され、世界に出ていくことができない。A代表だけでなくユース以下の若年層も同じで、世界大会に出場できるのは日本がホスト国になったときだけ。ときに強豪クラブ相手に金星といえる勝利をあげることはあっても、断片的な勝利であって継続性はなかった。海外のプロチームはどこも格上で、パートタイムプロである香港のチームにすら勝つのは簡単ではない。極めつけはソビエト連邦（当時）の3部リーグに所属するアムール・ブラゴベシチェンスクを招いた78年の3試合だった。この極東のチームに、日本は初戦こそ引き分けたものの その後は2連敗。釜本邦成（代表引退）、奥寺康彦（西ドイツ・１ＦＣケルン移籍で招集できず）を欠いたとはいえ、その後長く続く日本の低迷を予見するような内容であり結果だった。

そんな状況では、試合を見る側も日本代表への期待も遠のき感情移入もしにくくなる。とりわけ親善試合は、日本代表を応援しに行くというよりも、ペレやベッケンバウアー、クライフ、マラドーナといったスター選手のプレーを生で見る機会であり、日本代表は彼らの引き立て役の感すらあった。

それでも代表に期待する瞬間もあった。1985年10月26日に国立競技場を満員に埋め尽くした6万2000人の観衆や、ちょうど2年後の87年10月26日、雨の国立に詰めかけた5万の人々は日本の勝利を心から願っていた。もちろん私もそのひとりだった。韓国の方が力は上とわかっていても、日本に有利なデータを探し出してきて可能性の拠り所にする。試合後はホームで2点奪われて負けることの意味をかみしめながら、友人に促されるまで席を立つことができなくとも、アウェーでのほんのわずかな逆転の望みにすがりつく。また中国戦は、アウェーで相手の猛攻に耐えながら勝利をもぎ取っての第2戦である。今度こそはの思いがあった。だが、結果は、韓国戦以上の完敗。試合が終わっても降りやまぬ雨は、まるで自分たちの心から溢れ出しているように思えてならなかった。

さらに2度あることは3度ある。いや、それ以前の歴史を顧みれば、2度や3度では済まない際限のない繰り返しといえるかも知れないが、横山謙三監督率いる日本は、1990年イタリアW杯予選では北朝鮮とは1勝1敗ながら、香港には勝ち切れずに2引き分けで1次予選を敗退した。当然、批判は高まったが、その後、ブラジルから帰国した三浦知良と日本国籍を取得したラモス瑠偉がチームに加わり雰囲気が一変した。ふたりは単なる戦力ではなかった。いち選手である以上の圧倒的な存在感を、ピッチの内外で発揮した。それはブラジル仕込みのプレースタイルであり、プロフェッショナリズムであった。もしもどちらかひとりだけだったら、彼らの影響力もそこまで大きくはなかったかも知れない。だが、ブラジルでトッププロの地位を確立したカズと、ピッチ上の存在感もさることながらストレートなもの言いで舌鋒鋭いラモスは、サッカー選手としての個性を確立していた。プロとしてどうあるべきかという点で、ふたりは決して自分を曲げなかった。記者会見の席でカズは、プロならば当然支払われるべきである勝利ボーナスを、隣りに座る村田忠男日本サッカー協会専務理事（当時）に対して堂々と要求した。

対戦相手が誰であってもふたりはひるまなかった。たとえブラジル代表でも、同じピッチに立つ以上は対等な存在であり、決して気後れしてはならない。ふたりの気持ちの強さは、ともするとアジアのライバル国に対しても委縮しがちな日本代表を、メンタル面でも戦う集団に変えたように見えた。事実、ふたりが加わった日本は、1991年6月にキリンカップ初制覇を成し遂げた。

1978年に産声をあげたこの大会は、創設時はジャパンカップの名称だったが80年からキリンビールがスポンサーにつきキリンカップの愛称で親しまれていた。92年以降はナショナルチーム同士のみの対戦となったが、当初は代表とクラブが混在し、日本代表以外にも日本選抜や天皇杯優勝チームなどが出場し、ヨーロッパ・南米のプロチームや東南アジアの代表チームと対戦した。低迷する日本代表は、83年にはヤマハ発動機と引き分けて6チーム中5位（ヤマハは3位）、85年には読売クラブに0対1で敗れ、やはり6チーム中5位で終わるという失態を演じていた。

だが、2年のブランクを経て開催された91年大会は、これまでとは様相がまったく異なっていた。イングランドのトッテナム・ホットスパーとブラジルのバスコ・ダ・ガマ、タイ代表が参加したこの大会で、日本は初戦で粘るタイ代表を、試合終了間際の89分に柱谷幸一がPKを決めて破ると、ベベットとビスマルクを擁するバスコも北沢豪とカズのゴールで2対1と下して波に乗った。W杯得点王のガリー・リネカーに率いられた最終のトッテナム戦は、事実上の決勝戦である。

ラモスによれば、入場のために通路に並んだトッテナムの選手たちの吐く息が、酒臭かったという。こんな相手に負けてたまるか。ラモスの気持ちはチーム全員に伝わった。開始早々（2分）の北沢のダイビングヘッドによる先制点が、ゴールラッシュの呼び水となった。カズの2ゴールなどで日本はFAカップ優勝のスパーズを圧倒。たとえコンディションが不良であったとはいえ、ヨーロッパのトッププロを攻撃力でズタズタに引き裂ける。大会創設以来13年目の初優勝は、新たな日本代表が今度こそ覚醒したことを予感させた。

だからこそ、それからほぼ2カ月後の7月27日におこなわれた日韓定期戦には、これまでとは違った期待が寄せられた。ラモスやカズだけではない。DFには早くも若き大黒柱に成長しつつある井原正巳がいる。J2得点王の福田正博はウイングバックでの起用ながら攻撃力を着実に強化した。守備的な中盤にはトヨタの同好会出身で、前年のJFL最大の発見といわれた浅野哲也が加わった。

「たとえ脚が折れても戦う」と浅野は試合前に決意を口にした。

対する韓国代表は、ほぼ1年間活動をしていない。過去の対戦成績では圧倒的に不利、1972年に始まった日韓定期戦もここまで3勝2分9敗と大きく負け越している。これだけ結果に偏りがあって、本当に宿命のライバルと言えるのかという気がしないでもないが、古くは大相撲の大鵬と柏戸や、プロ野球の巨人と阪神がそうであったように、あるいはFCバルセロナとエスパニョール・バルセロナがそうであるように、ライバルであることに成績や結果は関係ないのだろう。そして日本も、今度こそ韓国を粉砕して勝つのではないか。そんな期待を胸に、私も決戦の地である長崎行きの飛行機に乗り込んだのだが……。

到着した長崎は台風に直撃された直後で、繁華街の目抜き通りも流れの激しい川と化していたが、台風一過の雲ひとつない青空が広がっていた。試合がはじまると、徐々にもどかしさが募っていった。ボールは支配しても、効果的な攻撃ができない。ベテラン揃いの韓国は日本をよく研究し、どうすれば日本を抑えられるかを知り尽くしていた。攻撃のオーガナイザーであるラモスとフィニッシャーであるカズのラインが分断され、日本は攻撃の術を失った。失点はディフェンスのミスから、この日が代表デビューの若手・河錫舟に決められた。ストレスと閉塞感だけが残った試合だった。試合後のスタンドには、日本サッカー狂会のサポーターたちが発する「ヨコヤマ、ヤメロ!」のシュプレヒコールが、か細く、空しく響いた。帰りの足取りも重かった。諫早のスタジアムから市内まで、友人たちと薄暮の道をひたすら歩いた。最初はカラ元気を出しても、途中からは誰もひとことも発しない。カズやラモスでも駄目だったら、他にどんなやりようがあるのか。絶望的な思いばかりが募っていった。

## ▽オフトジャパンの覚醒

ハンス・オフトが監督に就任したのはそんなときだった。オフトがもたらしたもの。それはヨーロッパサッカーのベースとなっている規律と戦術だった。当時のオランダは、ヨーロッパの中でも戦術面で突出していた。ヨハン・クライフ以来のトータルフットボールの伝統が脈々と息づいているのに加え、それを言語化・体系化するオランダ人のロジカルなメンタリティーがあった。オフトはそのオランダで、おもにユースの指導で実績をあげ、日本サッカー協会からのオファーを受けたときはユトレヒトのマネージングディレクターを務めていた。

日本代表監督になって彼が着手したのは、戦術をベースにしたチームの構築だった。コンパクトなディフェンスブロックとサイド攻撃。アイコンタクトやトライアングル、スリーライン、スモールフィールド、ターゲットマンなどのオフトサッカーのキーワードは、瞬く間にサッカー界に浸透した。

それまでの日本では、コレクティブなチーム戦術をベースにチームを構築するのは代表でもクラブでもほぼ皆無だった。チーム全体の意思統一はあっても、ベースはあくまでも個であり、個の集積としてのチームだった。モダンフットボールとは、その価値観の逆転である。個をベースに個と組織がバランスを取るのではなく、組織のベースの上に個と組織がバランスを保つ。個と組織が拮抗《きっこう》するのは同じでも、根底にあるのが個であるのか組織であるのかによって、サッカーの考え方は１８０度異なる。当時の日本を支配していた読売クラブや日産自動車のスタイルは、ブラジル流にインスパイアされた前者であり、ヨーロッパの影響を受けた三菱や古河などにしても、オフトのような組織のディシプリン（規律）を明確に打ち出してはいなかった。

オフトはそれを、平易な言葉で提示した。例えはアイコンタクトにしても、言葉自体は以前から存在する。概念としてはベーシックで、いい大人の代表選手がいまさら教わるようなことではない。だが、ベーシックこそが大事だとオフトは説いた。ベーシックを明確にし、大事にすることで、高いクオリティーのサッカーが生まれると。

目から鱗だった。選手ばかりではない。スタッフや協会関係者、指導者、メディアまでも、そのことに気づいていなかったのだから。メディアに向けてもオフトは、自分が何をやろうとしているのか、サッカーにとって何が大事であるのかを丁寧に説明した。20代後半から30代にかけての若い記者たちは、オフトの薫陶を受けて感化され、やがて《オフト学校の生徒たち》と呼ばれるようになった。新聞社や専門誌の記者だった彼らの多くは、やがて日本のサッカーメディアの中核となっていくのだった。

私も彼らとともにオフトジャパンを取材した。北京のダイナスティカップこそ記者になりたてでカバーしきれなかったものの、広島アジアカップやW杯1次予選UAEラウンド、もちろんドーハのアジア最終予選も取材した。ドーハ直前のスペイン合宿にも同行した。ただ、かろうじて30代の前半だったとはいえ、私は《オフト学校の生徒》ではなかった。オフト学校の生徒の輪の外からオフトを見て、彼の言葉を聞いていた。直接話す機会もあまりない。日本サッカーを劇的に変えたオフトに感嘆しつつも、それがよかったのか悪かったのかはわからないが、オフトとの間には一定の距離があった。オフトばかりではない。他のほとんどの記者たちともそこは同じで、突然フリーランスを名乗って取材をはじめた私は、彼らにとってどこの馬の骨ともわからないよそ者にすぎなかった。サッカーメディアという狭い世界において、そう思われたのは当然のことだと当時も思っていたし今も思っている。

では、右も左もわからない即席ジャーナリストの私が、いかにして普通に仕事をする普通のジャーナリストになったのか。見よう見まねで取材を進めながらも、契機となる出会いや出来事はいくつかあった。

そのうちのひとつが1992年のトヨタカップだった。FCバルセロナとサンパウロFCが対戦したこの大会で、サンパウロは南米のチームの例に漏れず周到な準備プログラムのもと試合に臨んだ。バルセロナが過密スケジュールのなか試合前日に来日し、翌日に慌ただしく帰っていったのに対してサンパウロは、1週間前には東京に到着して時差に慣れたうえでじっくりと調整した。その練習を見る機会があった。元サンケイスポーツ編集局長で、当時はジェイレブの顧問を務めていた賀川浩――現役最年長W杯取材の功績が認められ、2015年FIFA会長賞受賞――がサンパウロの監督であるテレ・サンターナをインタビューする。その取材に、同行させてもらったのだった。

サンパウロの選手たちは、プレーの強度を高めながらもリラックスしてミニゲームに興じている。そのなかには、なぜか西野朗と山本昌邦の代表コーチングスタッフが混じっていた。練習の後で、通訳の女性を介して賀川がサンターナから話を聞いた。インタビューは1時間半近くにおよび、終了後も賀川は通訳の女性とひとつひとつの事実を確認し、曖昧な部分を残さないように言葉を厳しく吟味した。

取材の前日に、賀川から私のもとにＦＡＸが送られてきた。そこにはサンターナへの質問項目が１００個近く並べられており、およそ考えつくかぎりのすべての質問を賀川は列挙して見せたのだった。もちろんそのすべてを、翌日、サンターナに尋ねたわけではない。そうではなくて、インタビューとはこう準備してこうやるのだと、賀川は無言で私に教えてくれたのだった。賀川が送ってくれた質問表は、私の大事な教科書になった。

このトヨタカップは《ドリームチーム》といわれたヨハン・クライフ率いるバルセロナも衝撃的だった。国立競技場での前日練習、アップの後でクライフは、ピッチ上にふたつの小さなピッチを作った。ひとつは10×20㍍ていど、もうひとつはそれより少し大きめである。そしてそのそれぞれで、選手たちにミニゲームをやらせた。小さなピッチはレギュラー組で４人対４人。両ゴールラインにクライフとカルロス・レシャックコーチ（後の横浜フリューゲルス監督）が立ち、壁役を務めるワンタッチゲーム。もうひとつは壁のいない５人対５人のツータッチゲームである。そのボール回しのスピードと強度といったら、普段目にしている日本のサッカーはもちろん、私が知る世界のどのサッカーとも別次元のクオリティーだった。

「こんな宇宙人のチームに、サンパウロはまともに立ち向かえるのだろうか？」というのが、練習を見た後の正直な気持ちだった。だが、サンパウロは勝った。12分にストイチコフが先制した後、バルセロナははっきりとペースダウンした。長旅と時差による疲労であるのは明らかだった。その隙をついて、サンパウロはカウンターからライーが2得点を決め、クラブ世界一の称号を手にした。勝負を分けたのは、両者の準備の差、モチベーションの差だった。それを目の当たりにできたのは、私には大きな収穫だった。

テレ・サンターナはブラジル代表を率いて1982年、86年と2度ワールドカップに臨み、どちらもベスト8で敗退（82年は実質上の準々決勝）。特に82年スペイン大会は、ジーコ、ファルカン、ソクラテス、トニーニョ・セレーゾの《黄金の4人》と称された中盤を擁し、ワールドカップ史上最強チームのひとつといわれながら伏兵イタリアに屈した。続く86年メキシコ大会も、グアダラハラでのフランスとの準々決勝はW杯史上最高の名勝負という評価を得ながら、ＰＫ戦の末に敗れ去った。代表では達し得なかった世界チャンピオンに、彼はついに到達した。執念が実った勝利であるともいえた。

他方でヨハン・クライフには、勝負に淡白な面があるように思う。スタイリッシュでエレガントなクライフは独自の価値観を持ち、勝利よりも美を追求する傾向が強いからだ。彼のバルサを初めて生で見たのは90年7月29日、うだるような暑さの東京・駒沢競技場（ＪＡＬカップサッカー１９９０・東京大会、日本リーグ選抜２対４バルセロナ）だったが、ヨーロッパで観戦した最初で最後の公式戦が１９９２年５月20日、ロンドン・ウェンブレースタジアムでのチャンピオンズカップ決勝、バルセロナ対サンプドリア戦だった。

## ▽ジェノバからウェンブレーへ

直前にイモラでＦ１サンマリノＧＰを取材した私は、イタリアに滞在していた。仕事が終わり、メディアセンターで一休みしながら手にしたガゼッタ・デロ・スポルト紙に小さな広告が載っていた。０泊２日のチャンピオンズカップ決勝観戦ツアー、試合日の朝にジェノバを出発して、試合終了後の深夜に戻って来るというものだった。旅行会社に電話して、片言のイタリア語で参加を申し込んだ。当日、指定された広場に行くと、そこはサンプドリアのサポーターで溢れかえっていた。

誰もが友人同士や家族、カップルで参加しており、ひとりでぽつねんとしているものなど誰もいない。どうみても東洋人で、明らかに毛色が違うからだろうか、陽気で人懐こいイタリア人がみな遠巻きに私を見るばかりで誰も話しかけてこない。慌ててその場でサンプドリアのマフラーを買ったが、チームカラーの青で全身を固めたサポーターたちの中で、ひとりだけ飛び抜けて浮いていることに変わりはない。

小学生のときにテレビ（三菱ダイヤモンドサッカー）で70年W杯メキシコ大会準決勝・イタリア対西ドイツ戦を見て以来、イタリアサッカーが好きだった。当時はイタリアに限らず、イングランドと西ドイツを除き、クラブの試合を見る機会はほとんどない。ダイヤモンドサッカーでたまに放送されるイタリア代表の試合を見るだけだった。74年西ドイツW杯は優勝候補筆頭といわれながらグループリーグで敗れ、78年アルゼンチンW杯で復活するまでの低迷の時代を暗い気持ちで過ごし、82年スペインW杯で44年ぶりの優勝を果たしたときにはテレビの前でひとり興奮していた。若きジャンカルロ・アントニョーニやパオロ・ロッシ、アントニオ・カブリーニらが躍動した78年のイタリア代表は、今でも一番好きなチームのひとつである。

同様にサンプドリアも好きなチームのひとつだった。固い守りとカウンターアタック。そのシンプルな美しさはイタリアそのものであり、名将ブヤディン・ボスコフに率いられた若いチームには、無限の可能性があるように感じられた。

サンプドリアを応援する同志として、サポーターたちとはすぐに仲良くなれるだろう。楽しい旅になるに違いないと、能天気に考えていたらまったく当てが外れた。「君たちは陽気で人懐こいイタリア人ではなかったのか！」と心のなかで叫んでもどうにもならない。こりゃどうしようかと思い悩んでいるうちにチャーター便の搭乗が始まった。

隣に座ったのは、孫を連れた老人だった。その老人はなかなか人望があるらしく、広場では彼を中心に人の輪ができており、誰もが彼の言葉に耳を傾けていた。近くで耳をそばだてていた私にも、彼のサッカーへの造詣の深さは伝わってきた。機内で話しかけると、老人も気さくに応じてきた。ところが「ジャーナリストでＦ１の取材にイタリアに来た。この試合も一般観戦ではあるが雑誌に原稿を書く」と言うと、老人の口がとたんに重くなってしまった。ヨーロッパのサッカー好き、特にラテン系の人々ではこういうことはよくある。ジャーナリストも顔負けの情報の披露や分析を語りながら、いざ本物のジャーナリストを前にすると口を噤《つぐ》んでしまう。こちらが感心して聞いていることを伝えても寡黙なままで、それまでの饒舌がまるで嘘のようである。その後、何度か同じ経験をしてわかったことだが、このときは何が悪かったのかよく理解できなかった。

記者と言っても自分はまだ駆け出しで、取材のＩＤがもらえずにここにいるという軽口のつもりだったのが、相手はそうはとらなかった。記者である以上はたとえ若くともそれなりの経験と知識、分析力がある。素人が滅多なことは言えないと思ったのだろう。ヨーロッパでスポーツ記者というとき、それだけの重みがあるのだが、そんなことも私はまだわかっていなかった。

ただ、私たちだけに限らず、飛行機の中は比較的静かだった。ラテンの人々はもっと陽気で、サッカーのファンならどんなところでもずっと騒ぎ通しと思い込んでいただけに、彼らの沈黙は意外だった。このひとたちは、もしかしたらシャイなのではないか。そう思いはじめたころに、ロンドン・ガドウィック空港に到着した。バルセロナのサポーターを乗せた便はヒースロー空港で、動線は完全に分けられていた。

空港からスタジアムに向かうバスの中も静か。スタジアムについても、入場を待つまでの間、歌を歌ったり雄たけびをあげたりして盛り上がるわけでもなく、みなおとなしく辺りを散策して時間をつぶしている。私もメガバーガー（手のひらサイズの肉厚パテが5枚重なったキングサイズのハンバーガー）を食べたり、イングランド2部リーグ所属のウィンブルドンのサポーターであるという警備の警官と世間話をしているうちに、ようやくスタンドに入場した。アウェー側のゴール裏。反対側のゴール裏には、すでにバルセロナのサポーターたちが陣取っていた。ここでようやく歌が始まった。バルサがひとつ歌うとサンプもひとつ返す。その繰り返し。試合開始まではまだ2時間以上ある。これが延々続くのかと思うと少しウンザリもしたが、しばらくすると歌合戦もおさまり、スピーカーから流れるバックミュージックだけがスタジアムに反響した。

じりじりしながら待っていると、ようやく選手たちがアップのためにピッチに入場した。ジャンルカ・ビアリを先頭に、アッティリオ・ロンバルドやピエトロ・ビエルコウッド、ロベルト・マンチーニ、トニーニョ・セレーゾも……。少し遅れてバルサの選手たちも次々と姿を現す。ボールを抱え、駆け足で走り込んで来る選手を、スタンドのサポーターが拍手と歓声で迎える。この瞬間を——歓喜が爆発するこの瞬間を誰もが待っていた。選手たちの姿を見ただけで、こんなにも気分が高揚する。だからこそ彼らは英雄なのだと。冷静に考えればチームの応援が目的で来ているのだから当たり前ではあるのだが、静かだったスタンドが一瞬のうちに歓喜の渦に包まれる。その圧倒的な熱量に打ちのめされて、自然とそんなことを考えた。

試合は好勝負だった。前半はバルセロナが支配し、幾度となく好機を作り出したが、GKジャンルカ・パリュウカの好セーブもあり無得点。後半になるとサンプドリアも反撃してバルサゴールに迫った。1本のロングパスからビアリやマンチーニがバルサゴールに迫るさまはまるで猟犬のようで、イタリア伝統のコンロト・ピエディ（カウンターアタックの意）の威力をまざまざと見せつけた。0対0のまま延長に入った試合は、112分のロナルド・クーマンが直接フリーキックを決めて長い戦いに決着をつけた。

バルセロナにとっては念願の初優勝。これまでカップウィナーズカップやUEFAカップは幾度となく制覇しながら、最も権威あるチャンピオンズカップだけは2度決勝に進みながら獲得できなかった。主要国は複数のチームが出場できる今日のUEFAチャンピオンズリーグとは異なり、リーグ優勝チームだけに出場権が与えられるチャンピオンズカップでバルセロナは、レアル・マドリードの影に隠れて出場の機会に恵まれなかった。そんなバルサのコンプレックス、カタルーニャのコンプレックスを払拭《ふっしょく》するためにクライフは、クラブ史上3度目の決勝となったこの試合で、いつものえんじと青の縦じまストライプ――クライフの言葉を借りれば地味な色合のデザイン――ではなく、蛍光オレンジの派手な色のユニフォームを選手に着せた。その試みは成功したが、ヨーロッパの頂点に立つために壁を乗り越え、カタルーニャ人に自信と勝者のメンタリティーを植えつけるのは、クライフをもってしても簡単ではなかった。

他方、サンプドリアにとっては、2年前のカップウィナーズカップ決勝に続き対バルセロナ戦2度目の敗戦となった。ヨーロッパのビッグクラブの多くは19世紀後半から20世紀前半に創設され、どこも100年以上の歴史を持つがサンプドリアは違う。設立は1946年で強豪の地位を確立したのは80年代になってから。同じ街のライバル、ジェノアが1893年設立の古豪で、セリエA9回優勝の伝統を持つのに対し、新興のサンプドリアには誇れる歴史は何もなかった。そしてサンプドリアにとっては、バルセロナこそが乗り越えるべき大きな壁であった。サンプドリアに感情移入していた私も、バルサという巨人を倒すことの難しさを感じるばかりで、バルサにはバルサのコンプレックスがあったことなどそのときは想像できなかった。

試合の後も老人は、飛行機を待つ間、仲間たちに囲まれながら自分の分析を語っていた。ときどき私のほうをうかがいながら発せられる言葉は的確で、誰もが真剣に耳を傾けている。孫も傍らでじっと聞いている。サッカーはこうして世代から世代へと、民衆の文化として伝えられる。最後まで親しくはなれなかったが、老人が教えてくれた。

搭乗を済ませても飛行機は離陸しない。時間は朝4時になろうとしている。機内アナウンスでは、まだカルテリーニという名のサポーターが乗っていないので来るのを待っているという。ようやく姿を現すと、「カルテ～～リ～～ニ、カルテ～～リ～～ニ」の大合唱で迎えられる。到着したジェノバの空港では、刷り上がったばかりのガゼッタ・デロ・スポルト紙がキオスクに積まれていた。午後に訪れたジェノアのサポーターズクラブでは、サポーターたちがクーマンの4番のユニフォームを着て、ライバルであるサンプの敗戦を祝っていた。

0泊2日の旅は、メディアとして取材していたら決して経験できない濃密な体験を私に残した。

## ▽ボラ・ミルティノビッチ

フットボールアナリストと名乗るようになって、ふたり目にインタビューしたのがボラ・ミルティノビッチだった（最初のインタビューは金田喜稔の広島アジアカップ総括）。彼以前にもF3時代のミハイル・シューマッハやミカ・ハッキネンに話を聞いたことはあるが、サッカージャーナリストとしての初の外国人インタビューは、1993年キリンカップでアメリカ代表とともに来日したボラだった。

エメ・ジャッケやアーセン・ベンゲル、フィリップ・トルシエ、イビチャ・オシム、ヴァイド・ハリルホジッチ……。ジャーナリスト人生の節目で大きな影響を受けた監督たちにその後も遭遇するが、ボラこそはその最初の人物だった。

地元開催のW杯を1年後に控えたアメリカは、自国にプロリーグを持たないハンディキャップを、国際試合を精力的にこなすことで補おうとしていた。日本を訪れたのもそうした強化の一環だった。

ちなみにこの年のキリンカップには、ハンガリー代表も参加し、団長を務めたのはフィレンツ・プスカシュであった。今日でも史上最強と名高いマジック・マジャール（1950年代のハンガリー代表の愛称）のキャプテンであり、FIFAアワードでも最優秀ゴール賞（プスカシュ賞）にその名を残す伝説の人物である。あのプスカシュが、そう思うと矢も楯もたまらず、ジャーナリスト仲間の後藤健生を誘ってプレスカードにサインをしてもらった。これまでの記者人生で関係者からサインを貰ったのは両手に余る程度だが――テオフィロ・クビジャスやラウドルップ兄弟、ピクシー、ペレ……。ピクシーには本物のイエローカードにサインをお願いして、本人が目をむいてぎょっとしていた――、そんな数少ないサインのなかでもプスカシュはとりわけ貴重な一枚であり、私の宝物でもある。

ボラのインタビューを思い立った最大の理由は、監督としての彼の魅力であった。メキシコ（86年）、コスタリカ（90年）を率いて、2大会連続でW杯本大会のセカンドラウンドに進出。地元開催で臨んだメキシコはともかく、コスタリカはイタリアW杯参加国の中でも最弱と見られていたチームである。しかも大会がはじまる2カ月前の就任。コスタリカには誰も何も期待していなかった。ところが初戦のブラジルにこそ敗れたものの、スコットランドとスウェーデンに連勝し、グループ2位でベスト16に駒を進めたのは、ボラの手腕以外の何ものでもなかった。

彼の最大の資質は、守備の構築能力にある。しかも短期間のうちにそれをやってのける。イラク代表監督に就任してわずか2週間で臨んだ2009年FIFAコンフェデレーションズカップ。ヨーロッパチャンピオンで翌年にはW杯初制覇を果たすスペインとの戦いで、ボラのイラクはスペインの怒涛《どとう》の攻撃を組織的な守備でことごとく跳ね返した。最後はコーナーキックから失点を許し敗れたものの、洗練されたディフェンスは、守るだけでこれだけの感動と喜びが得られるものなのかという驚きを見るものに与えた。記者会見の場に現れたボラはまるで勝者であるかのように振る舞い、拍手で迎えた記者たちも惜しみない称賛を彼に送った。ボラだからこそなし得たことであり、敗北をこれだけ称えられる監督は世界にそう多くはない。

翌年に控えたW杯を、彼は開催国アメリカの代表監督として迎えようとしていた。異なる国から3大会連続でW杯本大会に出場するのは史上初の快挙である。その後、彼は5大会連続まで記録を伸ばし（1998年はナイジェリア、2002年は中国）4大会連続でベスト16進出という、恐らくは今後誰もなしえない金字塔を打ち立てる。当時のボラは、サッカー界の話題の中心だった。

インタビューを思い立ったもうひとつの理由は、ボラがフランス語を話すことだった。現役時代はモナコで2年間プレーし、アルベール王子（現国王）にもサッカーを教えたことがあるのは後に本人から聞いたエピソードだが、ラウンド16でコスタリカがチェコスロバキア（当時）に敗れた後のインタビューで、「イタリアの優勝を祈っているよ」とフランス語で答えたのが印象に残っていたのだった。

言葉が通じるのだから、インタビューしない手はない。そう思い、宿泊先の名古屋のホテルに電話すると、ボラ本人を運よくつかまえることができた。日本の記者だが取材をしたいという申し出に、あの独特のだみ声——思わず「眠っていたのですか？」と聞いてしまった——で快諾してくれた。

ここまではとんとん拍子だった。が、ものごとそんなにはうまくはいかない。取材をするというのはどういうことなのか。同じ人間として、取材対象に向き合うというのはどういうことなのかを、ボラを通じて私は知るようになるのだった。

インタビューは、こちらが思っていたようには噛み合わなかった。質問の意図が明確に伝えられない。あるいは質問そのものが、よく練られていない。これは私の未熟さから来るものだった。初めての外国人ロングインタビューという経験のなさも、距離をうまく保つことを難しくした。

他方で、ボラの性格もあった。ひとことで言えばしたたたか。陽気でオープンな彼は、世界中にジャーナリストの友人がいる。しかしながら、肝心なことはなかなか言わない。

「ボラは人柄もいいし、当たり障りのないことは何でも喋るがそれだけだ」（ザビエ・バレ＝フランス・フットボール誌）。

本人も、「記者会見では絶対に本当のことは言わない」と語っている。

友好的でありながら、肝心の部分はほとんど実のないインタビュー。これではとても記事にはならない。インタビュー原稿は諦め、密着取材を敢行して記事を書くしかないと、方向転換せざるを得なかった。

こうして取材がはじまった。練習に出掛けては話を聞く。ボラ本人はもちろん、選手やスタッフたちにもである。選手が見ず知らずの日本人ジャーナリストに、監督の悪口など言おうハズもないが、おおむね尊敬されている雰囲気で、特に若い広報はボラを崇拝しているのがよくわかる。

ボラも次第に心を許すようになってきた。あるときなど日本人記者たちの囲み取材を受けていたボラが突然怒りだし、「どうしてそんなくだらない質問ばかりするんだ？　日本のプレスでサッカーをわかっているのは彼だけだ」と言って、少し離れて立っていた私の腕をいきなり掴んだのは本当に驚いた。ピッチでは、代表候補として招集されたダニエル・カリッチマン（サンフレッチェ広島）が、ひとり黙々とランニングを続けていた。しばらく前まで私は、練習を見学に来ていたカナダ女子代表FWのシャーメイン・フーパーととりとめもない雑談を続けていた。ボラとしては、日本の記者たちが自分に十分な敬意を払っていないと苛立ったのだろうが、新米を自覚する身に感じたのは、面映ゆさ以上に恥ずかしさだった。ボラとの距離は、そうして詰まっていった。

試合（3対1で日本の勝ち）の翌朝も、ホテルに出向いて食事の後で話を聞いた。コーヒーを飲みながら談笑していると、前夜、オウンゴールを献上したディフェンダーのマイク・ラッパー（当時大学生）がやって来て、真剣な表情でこう切りだした。

「昨日は僕のミスで試合に負けた。チームメイトたちに謝ろうと思うけど、どう思いますか？」

「謝る必要はない。君のミスで負けたのは事実だが、それは君が経験としてこれからに生かせばいいことだ。君自身が、この失敗から学んで成長すればそれでいい」とボラは答えた。そしてラッパーが去った後に、私に向かってこう語った。

「見ただろう。われわれのチームはまだ若い。選手たちも若く経験がない。彼らの大部分はアマチュアだ。こういうチームを私は指揮しているんだ」

それが当時のアメリカという国の現実であり、ボラの現実でもあった。プロリーグ、つまり日常的な公式戦がないなかで、ミッションビーボ（カリフォルニアにあるアメリカ代表の合宿所）で、抑揚のない練習と練習試合を延々と繰り返すのがどういうことかをこのエピソードは示していた。

私が感じたのは別の驚きだった。「そうか、プロは自分のミスで試合に負けてもチームメイトに謝ってはいけないのか」と心のなかで反芻しながら、ボラには「彼は大学生だから、そう考えるのも仕方がないかも知れない」と無難に答えた。さらにボラはこう続けた。

「日本にも経験は必要だ。特に外（国外）でもっと戦う必要がある。正直に言おう。日本の攻撃は、ここ（ペナルティエリア手前）で抑えれば怖くない。それよりも前では、どれだけボールを持たれようと大丈夫だ」

ポラに再会したのは、キリンカップからおよそ半年後。W杯アジア最終予選がおこなわれたカタールだった。場所は海辺にそびえ立つシェラトン・ドーハホテルのプール。ラモン・メヒナバロン（当時メキシコ代表監督）、オットー・フィスター（FIFAインスペクター）、元ガーナ代表監督）とともにのんびり日光浴を楽しむボラに対し、取材する側の私はあまりに焦燥していた。

私が焦がれていたのは、砂漠の焼けつくような太陽にばかりではなかった。スペイン合宿から、ドーハでの戦いの日々までの2カ月間、日本サッカーそのものが熱病にうなされていた。あったのはW杯出場への期待感・高揚感ばかりではない。胃の中に鉛を飲み込んだような重苦しさも同時に味わっていた。

主将の柱谷哲二を病気で欠き、スペイン合宿では2部のチーム相手に3連敗を喫したばかりか、これまで積み重ねてきた可能性すら擦り切れてしまったように見えた。そしてドーハでも、1敗1分という最悪のスタート。北朝鮮に勝って、ようやく立ち直りの兆しが見えてきたとはいえ、残る相手はは韓国とイラク。予断はまったく許さなかった。

ボラと同じホテルに泊まるヴァンサン・マシュノー（フランス・フットボール誌）に頼み、インタピューをセッティングしてもらったのはそんなときだった。だがこのときも、彼の気持ちとこちらの気持ちが噛み合わず、インタピューは失敗に終わった。私はナイーブなままで、しかも熱に冒されていた。

「FIFAとすれば、日本とサウジアラピアが予選を突破するのが、いちばん有難いだろう。可能性は大いにある。しかし日本にはまだまだ経験が必要だ」

のんびりした口調で語るボラに、私は苛立ちを隠しきれなかった。

「あなたは経験といつもいうが、それは具体的にはいったい何なんだ？」

ベンゲルやトルシエなら何か答えていただろう。たぶんエメ・ジャッケも。しかしボラはただ沈黙するばかり。それは答える必要のない問いかけであった。

幼いころに彼は目の前で両親を殺されている。戦争の惨禍と言ってしまえばそれまでだが、普通の人間が背負いきれないものを、幼少のときから背負わされた。スター選手だった長兄（ミロシュ・ミルチノビッチ。パルチザン・ベオグラードのストライカーで、第1回欧州チャンピオンズカップの得点王）のスパイクを磨きながら、自らもサッカー選手になることを夢見た少年時代。有名はミルチノビッチ三兄弟の末弟としてデビューしたものの、現役時代はパッとせず（兄弟の中でボラだけが、ユーゴスラビア代表に選ばれなかった）、最後はメキシコで現役を引退。そのままメキシコに残り監督として頭角を現し、地元開催のW杯を前にメキシコ代表監督に就任した。いくら旧ユーゴ人たちがコスモポリタンだとはいえ、これだけ数奇な運命を辿るものは決して多くはない、そんなボラの目には、私はどう映っていたのだろうか。

インタビューの後で、プールサイドで待っていたマシュノーとエリック・ピエルダーマン（レキップ紙）から、どうだったかと尋ねられた。うまくいかなかったと正直に答え、ケスチョネール（質問）に問題があったと言うと、彼らは仕方ないなというように黙って私を見返してきた。

私のインタピューの前に、マシュノーがボラと雑談をしていた。ジャーナリストもまた確固とした自分を持っていなければ、取材対象と対等な会話ができないし、相手の本音は引き出せないとふたりの会話を聞きながら思った。マシュノーにはそれがあった。

はたして私には、何があったのだろうか。もっといえば、ひとりのジャーナリストとして私が体現していた日本サッカーには、いったい何があったのだろうか。

若さとナイーブさ。むさだしの情熱。それ以外は。

そのころの私は、成熟という言葉をまったく知らなかった。アーセン・ベンゲルと知り合い、ベンゲルから初めてその言葉を聞くまで、私の頭の中には成熟という概念は存在していなかった。ボラとまともな会話ができなかったのも当然である。

「若いから情熱的なのではない。年をとってからも情熱は存在する。ただ形を変えるだけだ」とベンゲルは私に語った。そうして形を変えたものを45歳だったベンゲルは「成熟」と呼んだ。

ボラとの次の再会は、それから2年後のキリンカップである。W杯の後、再びメキシコ代表監督に復帰した彼が、同チームを率いて来日したのだった。博多の森での試合は、メキシコがスタートから激しいプレスをかけ、アッという間に2点を先制する。ところがそこから日本が反撃を開始。加茂ジャパンの中でも最高といえる出来で、逆転勝利を収めたのだった。試合後の会見では、どうだといわんばかりの日本メディアに対し、ポラは悔しさとふてぶてしさの両方を見せた。

「今日は日本国内でやって日本が勝った。だが、次はどうなるかわからない。われわれはサウジアラビアの大会（コンフェデレーションカップ）に参加する。次はサウジアラビアで会おう」

中北米チャンピオンのメキシコは、すでに参加資格を得ている。日本もアジアチャンピオンになって、大陸チャンピオン同士の大会に出てこい。権威のある大会、しかも中立地で勝負して、本当の雌雄を決めよう。言葉にはそんな意味が込められていた。

この年、彼は、阪神・淡路大震災のためのＦＩＦＡチャリティーマッチでも来日している。米大陸選抜チームの監督として招かれ、私もインタビューをしているが、正直いってあまり印象に残ってはいない。ビデオカメラのバッテリーを買いたいというので、一緒に池袋のカメラ店まで行き、しっかりものの一面を見たことぐらいか。

次に会ったのはさらに2年後、フランスW杯であった。フィリップ・トルシエの後を継ぎ、ナイジェリア代表監督に就任したはいいものの、チームをまとめるのに彼は苦戦していた。協会内部、代表内部の政治的な争いは、ナイジェリアはメキシコの比ではない。大会前には解任の噂《うわさ》も流れ、さすがのボラもアフリカでは神通力が通じないかと思われた。

ところが大会に入ると、ナイジェリアは奇跡的に復活する。緒戦となったナントでのスペイン戦、相手のミスに助けられて逆転。試合をものにすると、その後は一気に勢いに乗った。

スペイン戦後の記者会見はお祭り騒ぎだった。監督が出て来るのを待つ間、記者たちが輪になって歌い、踊っている。戦いと勝利の踊りなのだという。満面に笑みを浮かべて登場したボラも、試合中のスーツ姿ではなく、ナイジェリアの民族衣装を身にまとっている。私の姿を見つけると、熱く抱擁を交わした。

中国代表監督就任は寝耳に水だった。ＭＳＬ（メジャーリーグサッカー）のニューヨーク・メトロスターズを成績不振で解任。そろそろボラの時代も終わりかという思いがあっただけに、アジアで彼のマジックがどこまで通用するのか興味深かった。

マカオ（２０００年２月、アジアカップ１次予選）で久々に会った彼は、相変わらず精力的だった。ビデオカメラに日本代表のプレーを収め、中国の長所と短所、日本との違いなどについて、いつもとは逆に彼が私に根掘り葉掘り質問した。協会幹部に聞かせて、チーム構築に役立てようとしたのだろう。

惰熱は尽きることがないのか。そして私は、どこまで彼を理解できるようになったのだろうか。ボラとの対話はこれからも続く。

## ▽ドバイへ

「あのう、僕たちちゃんと生きて日本に戻って来れるんでしょうか?」

1時間半近く続いた説明会の最後に、ある記者がこう質問した。場所は当時まだ渋谷にあった日本サッカー協会の一室。日本が首位で終えたW杯アジア1次予選日本ラウンドに続いておこなわれるUAEラウンドを前に、取材で同行するメディアのための説明会が開催されたのだった。講師として招かれたのは、ドバイに駐在経験のある商社員である。ほとんどの記者が中東は未経験。今日のようにドバイやアブダビ行きの直行便があるわけではない。ほぼまる一日をかけて南回り航路で行くか、いったんヨーロッパまで行ってから戻るか、あるいは当時まだ共産圏であったモスクワをトランジットして向かうか……。いずれにせよ途方もない長旅であった。

中東が遠い世界であるのは、単に地理的な距離の問題だけではなかった。中東・アラブという言葉で日本人がイメージするのは、砂漠を行きかうキャラバン、アラビアンナイトや映画「アラビアのロレンス」に代表されるようなロマン溢れる活劇の世界かも知れないが、サッカーではまったく異なる。サウジアラビアはじめイラン、イラク、UAE、クウェート……。サッカー強豪国が屹立する未知の世界、完全敵地である。どんな罠《わな》が仕掛けられ、策略が張り巡らされているかわからない。そんな怖さを中東に対して抱いていた。

実際、日本は、アウェーであるがゆえの洗礼をさまざまな形で受けていた。練習場のピッチに釘を撒かれていたこともある。最も名高いのが《中東の笛》、露骨な地元贔屓の判定である。例えばこんなことがあった。1977年4月、日本はイランの首都テヘランでおこなわれた第19回AFC・U19選手権に参加した。24時間以上かけての長旅の末に到着したテヘランで、日本は準々決勝でPK戦の末に韓国を破りベスト4に進出した。準決勝の相手は地元イラン。勝てば第1回ワールドユース選手権（現U20ワールドカップ）の出場権が得られる大一番だった。試合の前、監督の松本育夫はロッカールームで選手たちにこう言った。

「審判は相手寄りになる。PKは絶対1本は取られるから覚悟しておけ。そうなったからといってガタガタするな。冷静にいけ」

松本の言葉通り、日本は先制するもののイランにPKで同点に追いつかれた。ストッパーとして試合に出場していた山本昌邦によれば、それは「これがPKなのっていうのを取られました。誰も（相手に）触っていないのに」とのことであった。そして松本に「そんなの当たり前だ」と言われたという。アサディスタジアムを埋め尽くした8万人の大観衆の熱狂と怒号は、有形無形のプレッシャーを選手だけでなく審判にも与えた。スタジアムを無事あとにしたいと審判が考えても決しておかしくはない。そして同様のことは、中東の各地でその後も幾度となく繰り返された。

だが、ここでひとつの疑問が生じる。《中東の笛》が本当にあるならば、同じように《日本の笛》や《韓国の笛》もあるのかという素朴な疑問である。

例えば日本が初優勝を成し遂げた広島アジアカップ。準決勝進出を決めたイラン戦のカズの決勝ゴールは、後日、ビデオでリプレイを確認しない限りオフサイドか否かはわからなかった。イラン人記者たちは、アルシャリフ主審（当時アジア№.１レフリーの評価が高かった）が日本贔屓の笛を吹いたと思い込んだまま帰国していただろう。これは正しい笛が、《日本の笛》のように見なされた例である。さらに準決勝の中国戦では、倒れ込んだ相手選手の頭を蹴ったＧＫ松永成立に、イラン人主審は躊躇なくレッドカードを提示した。この大会において審判は、極めて公平であったといえる。

ところがドーハのイラク戦では、審判は明らかに日本贔屓だった。中山雅史の勝ち越しゴールははっきりとオフサイド（当時の実況の言葉を借りれば「オフサイドと言われてもしょうがない位置」）であったし、他にも日本に有利な判定はひとつやふたつではなかった。スイス人主審が自国に不利な判定を下すたびに、私の隣で観戦していたイラク人記者は机を叩いて激怒し、私も彼に対して申し訳ない気持ちでいっぱいになった。ドーハは日本、イラク両国にとって中立地であったが、《日本の笛》はたしかに存在した。回数では圧倒的に少なかったかも知れないが、日本もときに《中東の笛》ならぬ《日本の笛》の恩恵にあずかることもあったのだった。

さらに言ってしまえば、サッカーにおいて地元贔屓の判定は当たり前のことでもあった。

今日ではほとんど考えられないが、当時はそれが常識でもあった。イタリアなどは、レフリーの助けを借りてワールドカップに初優勝（1934年）し、ヨーロッパ選手権（EURO）の初制覇（1968年）を果たした。どちらも地元開催である。

ユーゴスラビアとの間でおこなわれたEURO68決勝（1対1のまま延長でも決着がつかず、再戦の末に2対0でユーゴを破ったイタリアが優勝。イビチャ・オシムは準決勝のイングランド戦での負傷により欠場）については、ジェック・フェラン（元レキップ紙・フランス・フットボール誌編集長、フランススポーツメディア界で《法皇》の異名をとった）は私にこう語った。

「決勝がイタリア以外の地でおこなわれていたら、それが世界のどこであってもユーゴスラビアが勝っていただろう」

また試合をリポートしたジャンフィリップ・レータッケル記者――フランス・スポーツジャーナリズム史上屈指のリポーターのひとり。1995年カタール・ドーハでおこなわれたワールドユース選手権（現U20ワールドカップ）で知り合って以来、私も親しく言葉を交わすようになった――はフランス・フットボール誌にこう書いている。

「ユーゴスラビアはイングランド戦を（オシムの負傷により）10人対11人で戦い（当時は選手交代を認めていなかった）、イタリア戦を11人対12人で戦った（レフリーがイタリアの味方についたの意）。この夜の真の勝者はユーゴスラビアだった」

この試合の主審はスイスのディーンスト。66年イングランドW杯決勝の笛を吹き、イングランドの決勝点となったジェフ・ハーストの疑惑のゴールをインと認めた審判であり、この決勝戦が自身最後の国際試合であった。

世界最高峰の大会、ヨーロッパ最高峰の大会ですらこうである。審判の判定は必ずしも公平とは限らない。ときに露骨な贔屓もあるというのは、長く世界の常識であった。不公平な判定や誤審もまたサッカーの一部であり、人間が判断を下す以上、そこは認めねばならないと。そして大抵の場合、不公平な判定や誤審の恩恵に浴するのは、スポーツ的・政治的な強者であり、害を被るのは弱者たち――スポーツ面での弱者やスポーツ面では秀でていてもスポーツ政治における弱者――であった。

スイス五輪代表監督を務めていたベルナール・シャランドは私にこう語った。

「かつてスイスは弱かったから、強豪国との対戦では不利な判定ばかりだった。だが、最近は違う。スイスも強くなり、相手に有利な判定はずいぶん減った」

審判の厳格な中立化、より公平な判定が追求されるようになるのは21世紀に入ってからである。20世紀最後の大会となった1998年フランスW杯の後でアーセン・ベンゲルはこう語った。

「ジネディーヌ・ジダンやデヴィッド・ベッカム、アリエル・オルテガ……。本来なら審判がファールから守るべき選手たちが、逆に暴力行為で退場処分を受けたのは皮肉なことだった」

それではもうひとつの不正行為――ピッチ外でのさまざまな妨害工作はどうなのだろうか。

古河電工がアジアクラブ選手権で日本勢として初めて優勝したときのこと。アウトサイダーと見なされていた古河が、初戦で地元のアルアインを3対2で破った後、チームへの対応・待遇がガラッと変わったという。そうした話は幾度となく伝え聞いたが、いずれも1980年代までのことで、私が取材をはじめた90年代以降は、同行したチームや自らの取材の際に、特別な妨害を受けた経験はない。IDカードの発給に長時間待たされることはあっても、それは単なる効率の問題であって悪意は介在していない。

フィリップ・トルシエのアフリカ時代、ＡＳＥＣアビジャンを率いてアフリカ・チャンピオンズリーグでナイジェリアを訪れると、試合前のロッカールームに豚の生首が置いてあったという。呪術師が相手チームの力を削ぐために呪いをかけたのだった。トルシエは、コートジボワール代表監督としてナイジェリア代表戦の視察でラゴスに赴いた際にも、書類の不備を指摘されて空港でまる2日間足止めを食らった。アジアでは、そこまで極端な妨害工作は耳にしない。

２００４年アテネ五輪アジア最終予選で日本は、ＵＡＥ、バーレーン、レバノンと同グループとなった。同年2月に総当たり戦のＵＡＥラウンド、続いて日本ラウンドをおこない、1位のチームがアテネの本大会への出場権を得る。１９９６年アトランタ五輪以降、3大会連続出場を目指す五輪代表の監督を務めるのは山本昌邦だった。ユース代表や五輪代表のコーチ・監督として若年層の指導経験が長く、またフィリップ・トルシエ監督時代にはＡ代表のコーチも務め、日本のベスト16進出に貢献した。中東での試合経験が豊富な山本は、アジアの戦いにたけた指導者であった。

アウェーでの戦いとなるＵＡＥラウンドで、日本はＵＡＥが用意したオフィサーズクラブ（軍隊のための保養施設。外部から完全に遮断され、日本を除く3カ国はここに滞在した）には宿泊せず、敢えて別のホテル（ヒルトン）を宿泊先に選んだ。ところがそこで集団食中毒とみられる症状が選手たちに現れ、下痢と発熱に苦しめられたのだった。

ただ、これは厳密にはアウェーの洗礼ではない。ヒルトンというアブダビで5指に入る高級ホテルでの出来事、しかも宿泊客のなかで日本五輪代表のみに現れた症状であった。可能性としては、日本から持ちこんだ食材か、現地で独自に調達した食材に問題があったか、使用した食器などの消毒が不十分で大腸菌が付着していたか。あるいは誰かが故意に異物を混入させたのか……。ホテルはこの事態にまったく気づいていない。日本側も、原因を究明すると言いながら、ホテルには何も伝えていないし尋ねてもいない。差し入れのバナナが原因だったという説もあるが定かではない。

他方で日本ラウンドでも問題が起こった。だが、それは、ほとんどの日本人に知られることはなかった。日本サッカー協会がＵＡＥとバーレーン、レバノンのために用意したホテルが、彼らの意に沿わなかったのだった。ＵＡＥのジャンフランソワ・ジョダール監督から私の携帯に連絡があったのは、日本との最終決戦を控えた数日前のことだった。受話器の向こうから聞こえてくるジョダールの声は悲痛だった。

「ホテルのダイニングルームに窓がない。食事も選手の口に合わない。だからホテルを移動した」と彼は不満をぶちまけた。

食事に関してはバーレーンとレバノンも同様で、選手たちは数あるビュッフェ料理のなかで、付け合わせのフレンチフライポテトだけしか口にしなかった。両国の要望を受けてホテルが料理の味を変えたのは、ＵＡＥが出ていってしばらくたってからのことだった。

ホテルも意図して彼らの口に合わない味つけの料理を出したのではないだろう。また日本協会も、そういう指示をホテルにしたわけではないだろう。日本の感覚からすれば、普通に宿泊施設を提供し、普通に食事を用意した。彼らがアラブ人であることも配慮しながら。

だが、これは、アウェーの洗礼そのものではないのか。

この五輪予選、日本は政治的な駆け引きを駆使して戦う前から優位に立った。通常のホームアンドアウェーではなく日本とＵＡＥの２カ国集中開催、しかも試合間隔が中１日のハードスケジュールは、総合力で優る日本と他の国の差を時間の経過とともに大きくしていく狙いがあった。日本ラウンドが始まると、試合前の散水でたっぷり水を含んだスリッピーなピッチにUAEは苦しんだ。監督のジョダールは、フランスU17代表を率いてU17ワールドカップを制覇した育成では世界的な評価を得ている指導者だが、アジアのピッチ外での戦いや駆け引きをよく知らない。監督の疑心暗鬼は選手たちにも伝わり、最大のライバルと見られたUAEは精神的に自滅していった。逆にそんなアジアの戦いに慣れているバーレーンが、タフさを発揮して日本の前に立ちはだかったのだった。

さらには日本が中立地で、ホームのように利を生かしたこともある。1999年のナイジェリア・ワールドユース選手権（現U20ワールドカップ）がそうで、事前のブルキナファソ合宿を経てアフリカに慣れていた選手たちは、当時世界で最も危険な国のひとつと言われたナイジェリアでも、何の不安に陥ることなく平常通りの力を発揮できた。ナイジェリアをよく知るトルシエは、問題が生じるたびにFIFAに迅速に掛け合い選手にストレスを感じさせなかった。男女を通じて初の世界大会決勝進出という快挙は、開催国がナイジェリアという欧州勢や南米勢が疑心暗鬼にかられ不安を感じる国でなかったら、また監督が白い呪術師の異名を持つアフリカでの経験が豊富なトルシエでなかったら、成し遂げられなかったことであった。

何が問題かはもう明らかだろう。何も知らないから、怖い。逆に知ってさえいれば怖くはない。ＵＡＥラウンドを前に私たちメディアが感じていた恐れは、まさに無知であるがゆえの怖さであった。


アエロフロート航空のモスクワ発ドバイ行きは深夜便だった。着陸態勢に入った飛行機の窓から見えるドバイは、放射状に張り巡らされた道路にともる明かりだけがオレンジ色に輝いており、まるで宝石細工を見るように美しかった。ホテルにチェックインし、朝を迎えたドバイの街は人通りで活気づき、喧騒《けんそう》に満ち溢れていた。

巨大高層ビルが林立し、砂漠の中に出現した未来都市のイメージが強い今日のドバイやアブダビ、ドーハなどとは異なり、当時のドバイは中心街といえども高層ビルなどひとつもない。表通りから一歩裏に入ると、未舗装の砂地の小道がどこまでも続いている。道行く人は男ばかり。それも民族衣装を身にまとったアラブ系の人々よりも、インドやパキスタン、バングラデシュなどから出稼ぎに来ている南アジア系の人々のほうが圧倒的に多い。

ところが朝を過ぎると、街の人通りがぱったりと途絶える。昼になってもレストランはそれなりに混むが、体感温度が40度を超える表通りを歩くものはほとんどいない。景色が一変するのは、日中の猛暑が収まる夕方になってからだった。降って湧いたように、人が街に溢れ出す。こんなに多くがいったいどこに隠れていたのかと思うほどの人々が姿を現し、通りにじっと佇《たたず》んでいる。あるいはしゃがんで通りを眺めている。何をするでもない。せいぜいが話に興じる程度で、ほとんどはその場にいるだけである。

いったいこれは何なのか。その光景にまず面食らった。しかも彼らは、私たちが前を通り過ぎると鋭い視線を向けてくる。東洋系が珍しいのか四方八方からそうした視線を浴びる。日本人は道行く他人にストレートな視線を向けることはまずないが、彼らは違う。こちらが見返しても、決して視線を外さない。眼力を緩めることなく、じっと凝視し続ける。まるで威嚇されているようで、とんでもないところに来てしまったと内心大いにビビった。

だが、それは、彼らにとってはごく日常的な行為であった。目と目があった瞬間に、こちらからニッコリ笑いかけたら彼らもまた微笑み返してくる。それがわかるまでにさほど時間はかからなかった。またUAEが、日本以上に治安の優れた国であることも。どんなところも一人で歩けるしどんな路地にも入っていける。アルコールが自由に飲めないという制約はあるが（ホテルの部屋の中ならＯＫ）、ＵＡＥと引き分け予選突破を決めた夜はホテルの部屋で酒盛りが始まり、酔っぱらったまま翌朝は近くのレストランに行き、現地の人たちがいつも食べている定食のカレーセットを注文した。一度は食べてみたいとずっと思っていたのだが、盛りつけられた魚のカレーの辛さといったら……、一口くちにしただけで辛さが脳まで響き、目が回りだした。ドバイで最大の衝撃がこのカレーであったかも知れない。

直前におこなわれた日本ラウンドを、日本は4戦全勝で乗り切ってＵＡＥに乗り込んだ。神戸でのタイ戦こそ、若手中心にのびのび戦うタイに苦戦を強いられたものの、カズの目の覚めるようなゴールでなんとか接戦をものにした。試合後の会見に現れたハンス・オフトの表情は凍りつき、青ざめて血の気が引いていた。大事な初戦。相手はダークホース。力は日本が上だが決して侮れない。日本サッカー界の救世主にして改革者。オールマイティーのように見えたオフトの双肩にも、もの凄い重圧がのしかかっていたことを目の当たりにした瞬間だった。

タイ戦に勝った日本は、続くスリランカとバングラデシュには大勝。どちらも一歩も引かぬ戦い――オフトの言葉を借りれば「ナイフでお互いが切りあうような試合」となったUAE戦も、コーナーキックからの2得点で最大のライバルを力でねじ伏せて前半戦を首位で折り返し、UAEラウンドを前に優位に立ったのだった。

ドバイでのUAEラウンドの初戦も相手はタイだった。井原正巳とピヤポン（1984年ロス五輪予選で日本相手にハットトリックを決めたタイのエース。日本は2対5でタイに敗れた）という両チームの攻守の要が退場となった激しい試合を、DF堀池巧のゴールでものにした日本は、バングラデシュ戦も2分に福田正博のゴールで先制しながら、このシリーズを通して最初の失点を喫する苦戦を強いられた。「特に前半は集中力を欠き、何人かの選手が試合に参加していなかった」（オフト）なかで獅子奮迅の活躍を見せたのがラモスだった。彼の踏ん張りとカズ、吉田光範、高木琢也のゴールで何とかバングラデシュを4対1と突き放した。

スリランカ戦の前日、オフトは試合に向けてフォーメーションのチェックを入念におこなった。サイドから相手を崩す動きを、基本を確かめるかのように丹念に繰り返す。選手がゴールを決めるたびに「モア・ビューティフル！」と檄を飛ばした。この練習を見て、もう大丈夫だと確信した。実際、日本は、丁寧なボール回しでスリランカから6点を奪うと、UAEとの最終戦でも、得点された直後に澤登正朗が同点ゴールを決める底力を見せた。

8試合を戦い7勝1分。得点28に対し失点2。スリランカ、バングラデシュという弱小国も含まれるとはいえ、堂々の1位通過である。日本はアジアチャンピオンの名にたがわぬ戦いぶりを示した。UAE戦から1週間後の5月17日には、国立競技場でJリーグが開幕。サッカーを巡る熱気は、最高潮に達しようとしていた。

日本サッカーは、これからどんどん伸びていく。日本代表とJリーグの前には、前途洋々たる未来が広がっている。W杯初出場も、手に届くところまできている。秋に予定されているアジア最終予選に向けても、期待ばかりが膨らんでいったのだが……。

## ▽チクラナ・デラ・フロンテラ

「君たちはどう思う？　僕は見ていてとても恥ずかしかった」

レストランに入って席に着くなり、隣りのテーブルですでに食事を終えた日本人カメラマンにそう問いかけられた。長くスペインに在住し、サッカー専門ではないが広くスポーツを取材し、ヨーロッパのサッカーにも精通している。その彼が言うには、日本代表の練習はとても代表クラスの練習レベルに達していないということだった。

「彼らがやっているのは、スペインなら中学生や高校生年代の少年たちがおこなうトレーニングだ。それを一国の代表選手たちが真剣に取り組んでいる。スペイン人たちにどう説明したらいいのかわからなかったし、これが日本の代表かと思うと本当に恥ずかしかった」

彼の言いたいことは、私たちも薄々感づいていたことだった。W杯アジア最終予選を前に、最後の準備として日本代表が臨んだスペイン・アンダルシア地方の保養地チクラナ・デラ・フロンテラでの合宿。トレーニングマッチで日本は、スペインリーグ2部のレアル・ベティスとカディスに連敗した。

緒戦のレアル・ベティス戦はまだ言い訳が利いた。W杯1次予選以降、代表の活動は4カ月休止していた。再招集から長旅の末にスペインに到着し、4日しか練習していない。当時は今と違い、ヨーロッパ組が時差に苦しみながらも1~2回の練習で試合に臨み、それなりの連携やパフォーマンスを発揮できるようなレベルにはなかった。初めてのプロサッカーであるJリーグの激しい戦いに疲れ、消耗した選手たちは、オフトジャパンで構築した組織プレーを身体が思い出し、スムーズに動けるようになるまでにそれなりの時間がかかった。オフトも緒戦は「勝負を度外視したゲーム」と試合前に語っていた。

だが、第2戦のカディス戦は違った。練習もそれなりに重ねた。しかも相手のカディスは、前日にリーグ戦があり日本戦にはひとりを除きサブメンバーを起用してきた。3部リーグに所属する選手たちである。言い訳の余地がない敗戦だった。

相手が手綱を緩め、自分たちがベストコンディションにあれば、ユベントスが相手でも互角の勝負ができる（1992年8月14日と17日。神戸と東京でおこなわれた試合は、どちらも2対2、1対1の引き分けに終わった）。しかし相手が本気を出せば、レベルの違いが明らかになりまったく歯が立たない（93年2月のイタリア遠征。ユベントスとインテル・ミラノに連敗。かろうじて当時セリエBのレッチェと引き分けた）。それが日本とアジアの現実でありレベルであった。

思い起こせば日本サッカーの金字塔である1968年メキシコ五輪も、優勝したハンガリーには準決勝で0対5の完敗。メキシコ以前の金字塔であった1936年ベルリン五輪

（1回戦で優勝候補のスウェーデンに3対2で勝利）も、2回戦では世界チャンピオン（1934年・38年W杯連覇）のイタリアに0対8の大敗を喫している。メキシコ五輪でいえば、ハンガリーは64年と68年の五輪連覇のうえ、66年W杯でもペレのブラジルを破り準々決勝に進出。当時のヒエラルキーでは世界のベスト8が妥当なところだろう。そのハンガリーに5点差をつけられての敗戦。もしもFIFAランキングがそのころも存在していたら、日本はいったい何位だったのだろうか。せいぜいが40位、よくて30位といったところだろう。だからといって過去の栄光が色あせることはないが、現実は現実として客観的に把握しておくべきである。

アジアチャンピオンにひと泡吹かせたい。日本戦で素晴らしいパフォーマンスを発揮して、クラブでのレギュラーポジションを得たい。あるいはより上のクラブに引き抜かれたい。そんなギラギラしたモチベーションを持つ相手を前に、ベストの状態にない日本代表はあまりにナイーブであり無力でもあった。

だからこそ少しでも上に行こう、進化しようと必死でもがいているのではないか。そんな日本代表を、サポーターばかりかメディアも真摯《しんし》にサポートしようとしているのではないか。そんな現実を認識していない人間に「恥ずかしい」などと言われたくない。「恥ずかしい」と思うなら、あなたが見なければいいだけのことで、誰もあなたに見てくれと頼んでいるわけではない。疲労困憊《こんぱい》のうえに空腹でもあった身には、怒りしか湧いてこなかった。

カディス戦の後は、敗戦の重みを背負って岐路に就く私たちに向けて、10代と思われるカディスの数人のサポーターが、丘の上からこぶし大の石を投げてきた。当たり所が悪ければ死ぬなと思ったが、疲れ切っていた私たちは若干足取りを早めるぐらいで、当たったらそれはそのときと開き直るしかなかった。

実際、日本に明るい材料はほとんどなかった。左サイドバックで不動のレギュラーだった都並敏史が左足首を骨折し、オフトは都並に代わる人材を見いだせずにいた。またキャプテンの柱谷哲二もウイルス性の風邪で入院し、合宿に参加しなかった。精神的な支柱であり守備の大黒柱を欠いた日本のディフェンスは、井原正巳にかかる負担が大きくなりすぎて危機的な状況を迎えていた。練習に加われないにもかかわらず合宿に帯同した都並が、リハビリを兼ねて自転車でチームバスを必死に追いかける姿は悲愴《ひそう》感を誘った。唯一、ポジティブな材料は、長谷川健太が攻撃戦力として計算できるようになったことぐらいだった。

最終ヘレス戦にも敗れ、日本は3連敗で全日程を終了した。ヘレスはセクンダBに所属する、3部リーグのチームである。コスタデルソルの海は光に満ち溢れ、アンダルシアの空は抜けるように青かった。だが、私たちの心は晴れることなく、重苦しさだけを沈殿させながら太陽の海岸《コスタデルソル》を後にしたのだった。

▽ドーハ

「日本の2トップは誰なんだ？　カズ三浦と中山？　それなら俺たちのほうがちょっと上だな。エリック・カントナとジャンピエール・パパンだから」

ヴァンサン・マシュノーにそう言われたのは、W杯アジア最終予選第3戦の北朝鮮戦が始まる前だった。フランス・フットボール誌の記者として、最終予選取材のためレキップ紙のエリック・ビエルダーマン、カメラマンのアラン・ドマルチニャックとともにドーハを訪れていたマシュノーは、海岸にそびえ立つ要塞のようなシェラトン・ドーハホテルに滞在していた。フランス・フットボール誌はバロンドール（当時はヨーロッパ最優秀選手賞、後に世界最優秀選手賞）を選出するヨーロッパで最も権威あるサッカー専門誌であり、同じ会社が発行するレキップ紙は、ツール・ド・フランスやパリ・ダカールラリーを主催する、ヨーロッパ最高のクオリティーを誇るスポーツ新聞である。フランスは5年後の1998年W杯を地元で開催する。レキップ社は、ヨーロッパ以外の地域予選の取材にも力を入れ、一線級の記者たちをドーハに送り込んできたのだった。

フランスの2トップと日本の2トップ。比べてもはなから比較にならない。というか、フランスと日本のどちらが優れているかは、初めから優劣は決まっていて比較する気さえ起こらない。少なくとも日本人にとっては、フランスは雲の上の存在であった。

だが、W杯に出場するというのは、そういうことなのだと思った。本大会出場を果たした日本は、フランスやブラジル、ドイツ、イタリアなどと戦う機会を得る。そのときには憧れの存在として相手をリスペクトするのではなく、打ち倒すべきライバルとして冷静に比較検討する。カズ、中山とパパン、カントナではどちらが優れているかが現実的な問題となる。マシュノーに尋ねられて、初めて私はW杯を身近なものとして具体的に意識した。それまではといえば、日本がアジア最終予選に駒を進めてもなお、W杯は自分たちが住む世界とは異なる非日常の別世界であった。その新たな世界の入り口にようやく辿り着いたことを、マシュノーの言葉は実感させた。

ドーハは今日からは見る影もない、ドバイと比べてもさらに小さな街だった。そのドーハに、日本からおよそ200人のメディアが大挙して訪れた。メディアホテルに指定されたラマダ・ルネッサンスの周囲には、ピザハットとケンタッキーフライドチキン以外は何もない。広大な空き地が広がるばかりである。そのラマダが、日本代表のチャーター便に帯同した報道関係者や、コタキナバル、ドバイ経由の南回り便で20時間以上かけてようやく到着した記者やカメラマンで溢れかえった。宗教的な制約から、カタールでは非イスラム教徒でも表立って酒を飲むことはできない。アルコールを提供する場もない。ホテルの中に設けられたライブラリーという名の図書室を装った秘密バーは、そんな日本人メディアのたまり場となった。他に発散の場がない私も含めた報道関係者たちは、試合や練習の後でライブラリーに通っては酒を飲みながら議論を交わし、予選が終わるころにはホテルの酒をすべて飲みつくしていた。

日本代表は、アジアカップや1次予選のころの勢いを取り戻してドーハに乗り込んだ。足首骨折の都並敏史は間に合わなかった（ドーハでもチームには帯同）ものの、ウイルス性の風邪が癒えた柱谷哲二はチームに復帰した。壮行試合となったコートジボワールとのアジア・アフリカ選手権（１９９３年10月４日、東京・国立）にはベストメンバーで臨み、延長に入ってからの流れるような連携からカズのゴールで難敵を倒した。都並の穴を埋める左サイドバックには、三浦泰年が入り無難なプレーを見せた。

「ノープロブレム。仕上がりが順調かどうかも、コートジボワール戦を見てから判断してほしい」と、オフトは３連敗に終わったスペイン合宿のヘレス戦の後で意味ありげに語った。その言葉通り、日本はコートジボワールに真っ向勝負を挑み押し切った。試合後のオフトの言葉は自信に満ちていた。

「チーム状態は80％まで仕上がった」

ドーハでも、強い日本が初戦から見られると誰もが期待したが、事態は日本の思い通りには進まなかった。サウジアラビアもイランも、アジアカップで苦杯を舐めた日本をよく研究していた。サウジはカウンター攻撃で日本をゆさぶり、イランは急造サイドバックの三浦泰年が守る日本の左サイドを徹底的に攻めた。イランの先制点もこの左サイドからだった。

マシュノーとの出会いが、イラン戦のハーフタイムだった。ここで負けたら後がない。不安に駆られ、憑かれたように日本の弱点を説明する私に、マシュノーはこう答えた。

「言いたいことはわかるが、何をそんなに焦っているんだ。試合はまだ半分終わっただけじゃないか。日本も後半は反撃するだろう。それを見ようじゃないか」

落ち着き払った彼の言葉に、ほんの一瞬だけ冷静さを取り戻した。マシュノーにしてみれば、日本はアジアの好チームにすぎない。ナイーブながらそこそこ粒が揃った選手たちのなかに、カズ三浦と瑠偉ラモスという個性が屹立し、ハンス・オフトというトップレベルの実績はないが、それなりに優れた指導者がバランスよくまとめている。

「ボンエキップ（いいチーム）だがグランドエキップ（偉大なチーム）ではない。ボンプティットエキップ（小さないいチーム）だ」

日本はイランに敗れ（最終スコアは1対2）重苦しいムードがチームとメディアの間に漂った。

マシュノーはボラたちとプールで日光浴を楽しみ、エリック・ビエルダーマンは仕事の合間にカタール大使の娘と仲良くなっていたが、私にはサッカー以外のことに目を向ける余裕はなかった。ただ、マシュノーが、ボラと対等に会話をし、年長のボラがマシュノーの言葉に真剣に耳を傾けているのには、驚きを禁じえなかった。日本とは異なりヨーロッパでは、取材に上下関係は存在しない。話すものと聴くものの立場は対等であり、記者も取材対象から尋ね返されたらしっかりと答えなければならない。なぜならそれが人間と人間のコミュニケーションであるのだから。ふたりの会話は、そんなことを私に教えてくれた。自分も彼らと同じジャーナリストとして認められるには、どうしなければならないのか。このときからそんなことを考えるようになった。

## ▽イラク戦

予選を突破できなかったら、イラクの選手たちは前線に送られるらしい。あるいは鞭打ちの刑に処される。イラクのクウェート侵攻で1990年8月にはじまった湾岸戦争は、91年3月に停戦協定が結ばれて終結していたものの、緊張関係が解けないサダム・フセイン独裁下のイラクに関しては、ドーハにもそんな噂《うわさ》が流れていた。

だが、もしイラクが突破したら、FIFAの規定によりアメリカはイラク代表の選手・役員全員にビザを発給しなければならない。停戦後も対立関係にあるイラクチームの入国を認めるのをアメリカは避けたいし、ＦＩＦＡも面倒な政治問題は回避したい。両者の思惑は一致していた。

イランに敗れて一時は最下位にまで順位を下げた日本は、その後、北朝鮮と韓国に連勝し、同勝ち点ながら得失点差でサウジアラビアを上回り、グループ1位で最終のイラク戦を迎えようとしていた。勝てばもちろん無条件で、引き分けの場合も他の試合の結果次第——サウジアラビアと韓国が、イランと北朝鮮相手に引き分けるか、韓国が北朝鮮に1点差で勝った場合——では突破が決まる。最も有利な立場に日本はあった。

北朝鮮には3対0の快勝。韓国戦も結果は1対0の最少得点差だが、吉田光範のセンタリングをカズが「泥臭く」決めた日本の完勝だった。サウジとイランによって狂わされたリズムを回復することに日本は成功した。

試合終了のホイッスルを聞いた記者たちは、みな一様に目を潤ませていた。試合後のミックストゾーンも、穏やかな空気が流れていた。戦いはまだ続くが、宿敵を圧倒した今夜ぐらいは勝利の余韻に浸ってもいいのではないか。誰もがそう思っていたとき、ひとつの叫び声がその場を切り裂いた。

「冗談じゃないよ！　まだ何も終わっていないよ！」

怒りの表情で選手とメディアの間を駆け抜けるラモスを、私たちはただ茫然《ぼうぜん》と見送るばかりだった。

客観的に見れば、力は中東で最も組織的なサッカーを実践するイラクのほうが少し優っている。イラクも突破の可能性を残すが、不利な要素がいくつかある。第1戦の北朝鮮戦に逆転で敗れた後の、突然の監督交代。結果に怒り、ベンチの椅子を壊して記者会見も拒否したアドナン・ディルジャルに代わり、1986年メキシコW杯で指揮を執った大ベテランのバ・ダウード（アモ・ババ）が就任した。この交代は吉と出て、日本同様に2試合で勝ち点1しか獲得できなかったイラクも、態勢の立て直しに成功した。両チーム合わせて7枚のイエローカードと2枚のレッドカードが乱れ飛んだイランとのタフな闘いを2対1で制すと、次のサウジ戦もサウジの攻撃をしのぎ切って引き分けに。日本を破れば、条件次第では予選を突破できるところまでこぎ着けたのだった。

ただ、イラクには、出場停止でレギュラー3人を欠くというハンディキャップがあった。

またイラクの予選突破は、イラク国民以外の誰からも望まれてはいなかった。

それまでの試合は、すべて友人の記者たちと同じ席で見ていた。だが、このイラク戦だけは、ひとりでじっくりと見たかった。敢えて友人たちと離れて座った私の隣には、予選を取材するただひとりのイラク人記者が座っていた。そして時間の経過とともに、彼の怒りがヒートアップしていった。

ファールにせよ何にせよ、セルジュ・ムーメンターラー主審は明らかに日本贔屓の笛を吹く。カズの先制ゴール（5分）はともかく、69分の中山の勝ち越しゴールは明らかにオフサイドであり、最初のうちはイラクに不利な判定が下されるたびに、机を激しく叩いて怒りを露わにしていたイラク人記者が、やがてすべてを諦めたかのように力なく笑いだした。そんな彼の様子を視野の片隅に捉えながら、私はと言えば試合後に彼にどんな言葉をかければいいのかと思案していた。

日本のメディアは、誰もが熱にうなされていた。勢いに乗った今の日本なら、難敵のイラクにも「勝てるかも知れない」という期待は、いつの間にか「勝てるのではないか」という思い込みや「勝てるはずだ」という可能性にすり替えられていた。私自身が思い込みに囚われていた。だが、イラク人記者の怒りと絶望的な笑いが私の熱を冷ました。ここまで露骨に贔屓にされて、日本は本当にアメリカに行く資格があるのだろうか、とまで思い詰めるようになった。同点劇が起こったのはそんなときだった。

すべての思考が一瞬停止し、ほどなく試合終了を告げるホイッスルが鳴った。気がつくとイラク人記者は、いつの間にかいなくなっていた。

試合後のオフトの記者会見は、ものの2分と続かなかった。短いコメントを残して、そそくさと席を立つオフトに、誰も質問しない。《オフト学校の生徒たち》が、敗因を根掘り葉掘り追究するものとばかり思い込んでいたから、この記者たちの反応も私には意外だった。今なら彼らも私以上に茫然《ぼうぜん》自失していたとわかるが、当時は彼らこそそうすべき立場にいると考えていた。

牛木素吉郎にはこう言われた。

「初めて取材した国際大会がローマ五輪の予選だった。負けて予選を突破できなかった監督に『何で負けたのか?!』と食ってかかった」

口調は穏やかだったが、オフトに対して何も言えなかった私たちに、牛木は怒っているのだと思った。

試合の後は、メディアが宿泊するラマダ・ルネッサンスで表彰式とレセプションが開かれた。このままではセレモニーに出られない。なんとか気持ちを静めねばと思い、部屋に戻ってルームサービスのコーヒーを注文した。コーヒーを飲んでようやく平常心を取り戻し、笑顔を貼りつけて階下に降りていった。

「それぞれが思いを抱いてこのカタールにやって来た。それがかなったものもいれば、かなわなかったものもいた。喜びを得たものも、そうではなかったものもいた。だが、たとえ得たものが悲しみであっても、それを糧にしてこれからも生きていってほしい」

今となってはうろ覚えだが、カタール協会会長のスピーチは、こんな内容であったと記憶している。言葉が心に沁みわたった。私も笑顔でサウジアラビアや韓国、ヨーロッパの記者たちの質問に答えることができた。それがこのドーハでの、ジャーナリストとしての最後の義務であると思った。そうであるからこそ、ただ一カ国表彰式を欠席した日本の選手たちには、怒りと失望しか感じられなかった。

その後もボラ・ミルティノビッチとは、世界のさまざまな場所で再会した。南アフリカやカタール、パリ、ジャカルタ、クアラルンプール……、もちろん日本でも。ボラにこう言ったのは、２０１１年のアジアカップがおこなわれたドーハだった。

「当時はあなたに『日本は経験が足りない』と言われても、具体的に理解できなかった。今なら何が言いたかったのかよくわかる」と。

ボラは私にこう答えた。

「イラク戦の試合終了間際の日本ベンチを見たか。控えの選手が、ピッチも見ずに両手を組んでひたすら祈っていた。あのときの日本はそうだった」

ボラの目に映った日本は、すべてがナイーブだった。ピッチサイドで祈っていた選手ばかりではない。熱に浮かされたメディアやサポーター。選手をかばうあまり、表彰式に出席させなかった日本サッカー協会。シェラトン・ドーハのプールサイドで、いたずらに自分の気持ちをボラにぶつけた私自身も……。

「代表だけが強くなっても、日本がよくなったとは言えない。日本協会もメディアも、代表と三位一体で進化しなければ、本当の進歩はあり得ない」。東京に戻る飛行機の中で、大住良之に言われた言葉である。

日本がＷ杯に出場するために、ジャーナリストとして自分は何をしなければならないのか。このときからそればかりを考えるようになった。その思いを誰もが抱いたから、W杯出場は日本の悲願となった。

もしもイラクに勝ってW杯に出場しても、あのときの日本では本大会で1勝もできなかったかも知れないと、三浦知良は当時を冷静に振り返っている。勢いだけで勝てるほど、W杯は甘くないと。

「ドーハの悲劇」とそれからの4年間は、日本サッカーが成熟していくために必要な時間だったと、私も今はよくわかっている。

# 第二章　対戦相手から見た《ジョホールバルの歓喜》

バドゥ・ビエイラと知り合ったのはほんの偶然からだった。２００９年の全国社会人選手権決勝大会は、千葉県市原市の市原スポレスパークでおこなわれた。普段は取材しないこの大会を見に行ったのは、単に実家からバス1本で行けるのが理由だったのか。それともカマタマーレ讃岐の監督であった羽中田昌に会いに行ったのか、今ではもうはっきりしない。

4つのピッチで同時進行する試合を漫然と眺めていると、ひとり日本人離れした体格と動きをする選手がいた。このレベルのチームにも外国人がいるのかと、試合後にベンチに戻る姿をよく見ると氏家英行（ｔｏｎａｎ 前橋）であった。元ユース代表。１９９９年、ナイジェリアでおこなわれたワールドユース決勝で、出場停止の小野伸二に代わり先発出場を果たした――氏家にとってはそれがワールドユースでピッチに立った最初で最後のゲームだった――氏家とは、決勝の後で「今度は（当時彼が所属していた）大宮の試合を見に行くから」といいながら果たせず、偶然とはいえ実現した10年ぶりの再会であった。

氏家と束の間の旧交を温めていると、今度は本ものの外国人が目に留まった。その彼こそが、当時長野パルセイロの監督をしていたバドゥ・ビエイラであった。3年契約の3年目、準決勝で同じ長野のライバル松本山雅に敗れたパルセイロは、目標であったＪ3昇格（社会人選手権の上位2チームが自動昇格）を果たせず、ビエイラも次の就職先がまだ決まっていないという。

だが、そんなことよりも驚いたのは、ビエイラがジョホールバルでおこなわれたフランスW杯アジア最終予選プレーオフで日本が戦ったイラン代表の監督であったことであり、そんな人物が3年も日本に滞在しながらほとんど知られていないことだった。日本がW杯初出場を決めた《ジョホールバルの歓喜》は、《ドーハの悲劇》と並ぶ日本サッカーの伝説のひとつである。そのジョホールバルについて、日本滞在中に受けた取材は簡単なものがいくつかあるだけ。本人が話したがらなかったからではない。誰も彼から話を聞こうとしなかったからだった。早速時間と場所を決めてロングインタビューが実現したのは、出会ってから10日後の2009年10月31日のことだった。

孤高の野武士のようなアリ・ダエイの佇《たたず》まいに象徴されるように、イラン代表は矜持と威厳を備えたチームだった。サウジアラビアをはじめとするアラブの湾岸諸国が、イラクを除き歴史においてもプレースタイルにおいてもアイデンティティーが希薄であるのに対し、イランには確固とした歴史とスタイルがある。

そのイランが、飛行機を乗り継いで試合前々日にようやくジョホールバルに到着した。前日の練習では、ダエイと並ぶもうひとりのエースであるホダダド・アジジが、負傷して車椅子で運ばれるという、誰が見ても眉唾としか思えない事件も起こった。試合前に整列した彼らを見て、青一色に染められたスタンドに囲まれて、彼らは今どんな思いに駆られているのだろうと思わずにはいられなかった。

ジョホールバルまでの日本の道のりは、決して平たんではなかった。出だしは順調だった。韓国、ウズベキスタン、カザフスタン、UAEと同じグループBに入ったアジア最終予選（首位が無条件で予選通過。2位がグループA2位とのプレーオフに回り、勝てば本大会出場。負ければオセアニア地区との大陸間プレーオフを争う）では、初戦のウズベキスタン戦（1997年9月7日、東京・国立）をカズの4得点などで6対3と圧勝。続くアウェーのUAE戦（9月19日、アブダビ）も、試合終了後も気温が30度を超え、ただ立っているだけでも肌から汗が湧き出す蒸し暑さのなか無得点で引き分け。勝ち点1を日本に持ち帰った。

ここまでは予定通りだった。シナリオが崩れはじめたのは、次の韓国戦（9月28日、東京・国立）からだった。日本は1対0とリードした。もしもそのまま勝っていたら、決勝点となっていた67分の山口素弘の絶妙なループシュートは、日本サッカー史に残る歴史的なゴールとして人々に記憶されていただろう。だが、日本は、終盤に立て続けに2点を奪われ逆転負けを喫した。それも逃げきるための守備固めとして、FWの呂比須ワグナーに代えてDFの秋田豊を投入してからの敗北だった。アブダビでの消耗戦が、選手たちの体力をボディブローのように奪った結果の敗戦だった。

続く中央アジア遠征では、カザフスタン（10月4日、アルマトイ）とは1対1の引き分け。やはり先制しながら、92分に同点ゴールを決められての敗北に等しい引き分けだった。ここで日本サッカー協会は、史上初となる監督の解任を決めた。それも予選の真っただ中、東京から遠く離れたアルマトイで。緊急事態のなかで加茂周の後を継いだのは、加茂のアシスタントコーチを務めていた岡田武史だった。このときの会見の知らせを、試合後に仲間の記者たちとやけ酒を飲んでいた私は受け取れずに、歴史的な瞬間に立ち会う機会を逸したのだった。

岡田の初戦となったウズベキスタン戦（10月11日、タシケント）は、32分に先制されながら終了間際90分の呂比須のゴールで同点に。勝ちに等しい引き分けで勝ち点1を拾い、流れは変わったかのように思われた。続く10月18日は日本の試合はなく、私はナビスコカップのレイソル対フリューゲルス戦を取材していた。だが、同じ時間におこなわれているUAE対カザフスタンに気を取られて、試合にまったく集中できない。現地で試合を取材しているマイケル・チャーチ（AFCニュース）に何度も電話をかけ、UAE戦の経過ばかりを気にしていた。

チャーチへの最後の電話で、UAEが負けたことを知った。これで次の直接対決に勝てば、アジアプレーオフに進める。流れは完全に日本に傾いたと思った。ところが、である。運命のUAE戦（10月26日、東京・国立）は、1対1の引き分けに終わった。残り2試合で勝ち点差は2のまま。かろうじて髪一本の可能性はあるが、日本が負けるかUAEが勝てば、その時点でもうアウトである。試合後にサポーターがカズの車を傷つけ、城にも卵を投げつけたのを知ったのは後になってからだが、私は私で絶望を噛みしめながら眠れない夜を過ごした。

そうであるからこそ、アウェーの韓国戦（11月1日、ソウル・蚕室）での2対0での勝利、そして最終節（11月8日、東京・国立）でのカザフスタン戦の勝利（5対1）は、天の配剤としか思えなかった。とりわけ「一緒にフランスに行こう」という韓国サポーターの蚕室での呼びかけは、これまでの日韓サッカーの歴史では絶対にあり得ないものだった。その呼びかけに対して応える余裕は、メディアのひとりである私にもなかった。プレーオフへの切符を得たこと――ジョホールバルに行けるということだけしか頭にはなかった。

「今から田村さんの家に行っていいですか?」

その電話が携帯にかかってきたのは、日本が韓国に逆転負けを喫した数日後だった。時刻はすでに深夜になろうとしている。相手の迫力に、私はただ「わかった」と言うしかなかった。電話の相手は福留崇広。スポーツ報知のサッカー担当記者であり、そのころ私が最も親しくしていた記者のひとりでもあった。

会社の同僚や共通の友人であるフリーランスのジャーナリストを伴って家までやって来た福留は、怒りの矛先を収めなかった。

「加茂周が監督を続ける限り、日本はW杯予選を突破できません。今すぐにアーセン・ベンゲルかジーコに監督を代えるべきです。ボラ・ミルティノビッチでもいいです。田村さんはどう思いますか?」

加茂が悪いとは思わない。韓国戦はああいう結果に終わったが、彼の力でW杯に行けると思うという私の答えは、福留の怒りをさらに増幅させた。

「ベンゲルかジーコに監督を代えない限り無理です。今すぐどちらかに代えるべきです」

個人的な面識のないジーコはともかく、ベンゲルが日本に来ることはないという確信があったから、そう彼に言うところ切り返された。

「だったらボラに聞いてください。誰が日本代表監督として適任であるのかを。そして彼が日本に来る気があるのかを今、電話して聞いてください」

自宅に来ることを受け入れた時点で、福留のストレートな気持ちを受け流す意志も余裕もなくなっていたのだろう。迫力に押されるままに、私はボラ・ミルティノビッチのメキシコの自宅番号をコールしていた。電話には、お手伝いさんと思われる女性が出た。

「セニョール・ボラは、(メキシコ代表の)練習に行っていていてここにはいません」

ボラと繋がらなくて正直ほっとした。ベンゲルもボラも、宝くじの当たりくじであるのは間違いない。当たりくじが目の前にあるのにそれを買おうとしない。利益が1億円なり10億円になるのに、100万円なり1000万円の出費をためらう。彼らにオファーを提供しない日本サッカー協会を福留は批判した。

私たちのやりとりは、自然と熱を帯びていたのだろう。しばらくすると警官がやって来て「近所から苦情があった。静かにしてほしい」と言われた。前回アメリカ大会予選のような2週間の一カ所集中開催ではなく、2か月に及ぶホームアンドアウェーのリーグ戦は、世界ではそれが常識でも、アジアでは初めて採用される試合形式だった。勝てばいい。何のストレスもなく、次の試合までの一週間を心地よく過ごせる。しかし勝つべき試合を落としたり、引き分けに終わったときは……。心に異物を抱えながら、次の試合が来るのをじっと待たねばならない。そんなプレッシャーに耐えながら2カ月を過ごすのは、すべての日本人にとって初めての経験だった。

韓国に敗れたときには、福留たちが抱いた切羽詰まった思いを受け止められる余裕が私にもまだあった。だが、中央アジア遠征を経てUAE戦に引き分けたときは、私自身がW杯予選の重さに疲弊し尽くしていた。明け方に友人に電話し、ようやく眠ることができた。今では考えられないことだが、誰もがそれだけ真剣で本気だった。そうしたすべてを経た後に、日本はジョホールバルまでようやく辿り着いた。ラーキンスタジアムのスタンドを埋め尽くした青には、日本代表を見守るすべての人々の思いが込められていた。

以上が日本側の真実である。というか、私が等身大に感じていた日本の真実である。それでは同じときに、イランでは何が起こっていたのか。自身が作成しイランサッカー協会に提出した日本の分析レポートまで持参してビエイラが語ったのは、ジョホールバルのもうひとつの真実――苦難の末に日本が歓喜を迎える裏で、イラン代表に起こっていたことを伝える、ジョホールバルに至るまでのもうひとつの真実である。日本人が知ることのなかったイランのすべてをビエイラは明かした。それが日本の真実と同じだけの重みを持つことを、彼の言葉から私たちは知ることができる。

× × ×

――あなたは1998年W杯予選のときのイラン代表監督でした。あのジョホールバルでのプレーオフに関しては、日本はとてもいい思い出を抱いています。

ビエイラ　特にドーハの悲劇の後ではそうだろう（笑）。1986年W杯メキシコ大会予選で惜しいところまで行き、93年にドーハの悲劇があって、97年ジョホールバルでのプレーオフに至るわけだ。当時のことはよく覚えている。というのも井原正巳のことをよく研究したからだ。彼をアジアの壁と呼んでいた。とにかく日本のことは、徹底的に研究した。

もしもイランが先に1点を取れば、リードされた日本は神経質になる。日本のプレーは速いから、ときに正確さを欠く。ナーバスになればなおさらだ。実際その通りになった。日本が先制したが、イランが逆転して2対1とリードした。すでに60分が経過しており、日本にとって厳しい状況だ。日本はナーバスになると選手たちは確信した。岡チャン（岡田武史監督）はカズと中山を下げて、彰二（城彰二）とブラジル人（呂比須ワグナー）を投入していた。私もまた勝ったと確信した。しかし日本は2対2の同点に追いつき……、これは言い訳ではないが、60～70分を過ぎてからイランのガソリンが尽きてしまった。

——私も同じ印象を持ちました。走れなくなって、プレーを止めてしまった。後半開始早々にイランは攻撃を仕掛けてアジジのゴールで同点に追いつき、アリ・ダエイのヘディングでリードしました。

ビエイラ　それ以外にも2度、絶好のチャンスを作ったが得点はできなかった。私は2対1で試合が決まると思っていたが、日本のほうが優れていたのは事実だ。日本は1週間前にジョホールバルに入ったのに対し、イランは前日（実際は前々日）だった。38時間の大旅行を強いられた。トランジットも4回あった。ドバイから香港、バンコク、クアラルンプールを経由してようやくジョホールバルに着いたのは試合の前日だ。あまりに長すぎた。

——直行便はなかったのですか。そうでないにしても、1～2回の乗り換えで済むような方法はなかったのでしょうか？

ビエイラ　（イランにとってアジア最終予選グループAの最終戦となった第9節のカタール戦で0対2と敗れた）イランはすべてを1週間のうちにアレンジしなければならなかった。日本はずっと前から、自分たちがジョホールバルでプレーすることがわかっていた。サウジアラビアなのかカタールなのか、それともイランなのか、相手がどこになるかはわからなかったが、それでも彼らはジョホールバルに出発した。とにかく彼らは待っていればよかった。

——中国にも可能性はありました。

ビエイラ　そうだ。あのころイランは世界から孤立していた。移動の手配はすべてを電話でしなければならなかった。当時のイランでは携帯電話はうまく繋がらず、インターネットもまだ普及していない。コミュニケーションの手段が限られていた。まずドバイに行くために飛行機に乗り、ドバイで残りの旅程をアレンジした。ドバイは自由都市で、すべてが可能だったからだ。いずれにせよイランには、日本のようなオーガニゼーション能力はなかった。日本では前年には翌年のスケジュールが決まっているし、さらにその後の予定も立てられている。イランはそうではなく即興的だ。いわば感情的で、理性よりも感情に従って行動する。だからこそ優れた選手もたくさんいるのだが、何かを組織していくうえでは効率的ではない。

——当時のイラン代表はどんな雰囲気だったのですか？

ビエイラ　私が赴任する前は、雰囲気はとても悪かった。選手は監督を嫌っていたし、監督も選手を嫌っていた。彼（モハマンド・マーエリーコハン前監督）はサポーターに愛されていた選手たちと袂を分かった。アジジは１９９６年のアジア最優秀選手に選ばれた偉大な選手だが、監督はディシプリン（規律）の問題から彼をチームから外してしまった。他の選手とも同じような問題があった。

だが、私が到着してすべてが変わった。私は選手とは何の問題もなかった。イランではブラジル人は好かれていたから、いい雰囲気を作るのは難しくはなかったし、今日まで選手とは良好な関係が続いている。

カタール戦に敗れた後、彼らはちょっと意気消沈していた。イランはそれまでカタールに一度も負けたことがなかった。それが１週間前に起きて……、だから気持ちは沈んでいた。

——当時の噂では、たぶんあなたの前任者に対してだと思いますが、アリ・ダエイが監督を殴ったという話がありました。

ビエイラ　（しばし考えて）それは知らないが、十分にあり得る話だ（笑）。さっきも言ったように、イラン人は行動する前にあまり考えない。彼らはまず行動して、その後でスミマセンとあやまる。だからありうることだ。
クアラルンプールに到着したとき、われわれは疲れ切っていた。翌朝のジョホールバル行きの便を待ってのトランジッドだったが、イランを出てからすでに30時間が過ぎていた。選手は消耗して、あまり寝てもいなかった。それでホテルで選手同士の喧嘩があった。

——誰と誰ですか？

ビエイラ　アジジとハミド・エスティリだ。エスティリはフランスW杯のアメリカ戦でヘディングシュートを決めた選手だが、ふたりがエレベーターの中で喧嘩をはじめた。それも凄くくだらない理由からだ。ひとりが中にいて、もうひとりが乗ろうとした。扉が閉まりかけているので、外にいるほうが「待ってくれ」と言って開けようとしたが、中にいるほうが気づかず、それで喧嘩になった。私もちょうど居合わせて様子を見ていたが、彼らは疲れていた。わかると思うが、イラン人はセルフコントロールが難しい。だからダエイや他の選手と、前監督のマーエリーコハンがうまくいっていなかったのは理解できる。私は選手を尊重している。彼らとよく会話をするし、決して怒鳴ったりはしない。しかしマーエリーコハンは違った。ちょっと独裁者のようで、選手を殴ったことも知っている。彼は容認されてはいなかった。トレーニングの初日に選手たちに私はこう言われた。「1日24時間仕事に集中してくれるならば、私たちも嬉しいです」と。彼らは私に満足していた。

——イラン協会からのオファーだったのですか?

ビエイラ　そうだ。シンプルな話で、前任者のマーエリーコハンは協会ではなく政府によって選ばれた監督だった。選手がマーエリーコハンを認めないのはわかっていたから、協会の人々は彼にしたくはなかった。だから協会はコスタリカから私を呼んで、五輪代表を任せることにした。公式には、私は五輪代表監督として招聘《しょうへい》された。ただし協会は、イランがW杯予選でひとつでも負けたら、監督を交代するつもりだった。カタール戦の敗北の夜に政府も「今の監督では駄目だ」ということになり、協会会長は「ここにコスタリカでW杯予選を戦った人物が五輪代表監督としている」と言った。政府も「それならば彼に任せよう」ということになった。それがカタール戦の夜に起こったことだ。選手たちがカタールから戻ったとき、私は空港で彼らを出迎え「私がこれから監督をやる」と挨拶した。

――イランにはブラジル人スタッフを連れていったのですか。それともひとりで？

ビエイラ　ひとりだ。同伴したのは妻だけだ（笑）。彼女はコスタリカやエルサルバドルにも一緒に行ったし、私が行くところにはどこでもついてきて助けてくれた。モチベーションを維持する力になったし、選手の奥さんや恋人とよく話をして、私をフォローしてくれた。私はフィジカルトレーナーとしても働いたから、スタッフは必要なかった。仕事をはじめたのは空港からだった。カタールからイランまでは2時間しかかからない。試合の3時間後に私が新監督に任命され、選手と会うために空港に直行した。そこで「あなたとなら24時間一緒に仕事ができる」と彼らに言われた。私も「わかった。では明日からはじめよう」と答え、翌日から練習がはじまった。

――そのような状況で仕事をはじめるのは難しくはありませんでしたか？

ビエイラ　イラン協会が、交渉のために私を招いたのは3カ月前だった。テヘランのホテルに1週間滞在して、街や家、試合を見に行った。W杯アジア最終予選のサウジアラビア戦だった。アジジやメフディ・マハダビキア、ハミッド・エスティリらを、そのとき初めて見た。素晴らしいチームだった。チームそのものは以前から知っていた。イラン協会がコスタリカにビデオを送ってよこしたからだ。ただそのときの交渉はうまくいかなかった。カナダ代表の仕事がほぼ決まっていて、私はイラン協会に、カナダに行くから無理だと答えた。しかし妻には、カナダには大きな未来はないと言われた。実際、カナダがW杯予選を突破するのは難しかった。それにカナダの冬は寒くて厳しい（笑）。だからカナダ行きを止めて、コスタリカに残ることにした。それから1週間がたち、イランから再び電話があった。「ビデオを見たか？」と尋ねるので、私は「毎日のようにアジジたちの姿を見ていた」と答え、「イランで仕事をしたい。すぐにでもそちらに行く」と言った。ただしそれは五輪代表監督であって、私はあくまで五輪のためのコーチだった。ところがその後、状況が変わりA代表が委ねられた。

シュウイチ、サッカー好きがアザディスタジアムの雰囲気を見たら、同じものはどこにもないことがわかる。アルゼンチンとブラジルとも浦和レッズとも違う。

――私もあそこには行きました。

ビエイラ　どの試合を見た？

――2005年のW杯予選、イラン対日本戦です。それから2000年のアジアユースでもテヘランを訪れました。

ビエイラ　アザディスタジアムの収容人員は12万人（公式収容人員は7万8116人だが、オーストラリアとの1998年W杯大陸間プレーオフでは12万8000人を記録した）だ。埼玉スタジアムの2倍で、午後3時キックオフの試合にも人々は午前10時にはスタジアムに来て、スタンドで「イラ～ン！イラン！」と叫び続ける。テヘランにはサッカー専門誌が約50あるが、午前10時にはそのすべてが売り切れる。イラン人は本当に熱狂的だ。

そうした熱気を感じながら私は仕事を遂行した。テヘランでは、私も妻も自由に外出できなかった。人々がすべてを見ていたからで、ホテルから出るときですら、警察の車で警官の警護付きでなければ不可能だった。それだけ彼らはサッカーに入れ込んでいた。代表の練習には4万人のファンがやって来た。試合ではない。単なる練習にそれだけの人が集まる（笑）。常にそんな感じだった。

イラン人はブラジル人以上にサッカーを愛している。彼らには他に何もないからだ。テヘランには映画館も少ないしビールも飲めない。閉じた社会でサッカーしかない。君も見ただろう。夜になると車の行き来が止まって街が静かになる。夏には人々は夜通し街頭でサッカーを続ける。

日本との試合は、私には何の問題もなかった。フィジカルはわれわれのほうが強い。アリ・ダエイやミナバント、ザリンチェら、選手はみな屈強だった。彼らは日本と十分に戦えた。私は4人の大柄な選手を呼んだ。強さはさほどではないが、いずれも大きく、カズをはじめ日本の選手を相手にするには適している。それから日本人は、ドーハの悲劇にトラウマを感じていると分析していた。ただ、われわれには、準備のための時間がなかった。

――どういう戦略だったのですか。試合前日にはアジジの事件もありました。

ビエイラ　チームの団長、つまり私を招聘《しょうへい》した協会会長がこう言った。「選手同士の争い(クアラルンプールのホテルでの、アジジとエスティリの一件)はよくない。彼らをすぐに帰国させるべきだ」と。会長の言うことはもっともで、そういうことから試合を失う危険はたしかにある。彼らの喧嘩はまるで子供じみていた。

ただ、サッカー選手は、ここ日本を含め世界中どこでも同じだが、喧嘩をしても2時間後には何もなかったように仲良くしている。一緒に食事に行ったりする。だから私はそこまでする必要はないと言った。ジャーナリストたちも見ている。彼らが問題を起こすのは、私にも責任がある。だからしばらく様子を見て、それでも駄目なようなら帰国させようと答えた。

――試合前日の練習で彼が怪我をしたように振る舞ったのは、メディアの目をごまかすためだったのですか?

ビエイラ　アジジは優れた選手だが、ちょっとクレイジーで子供っぽいところもある。彼のほうから「日本人を驚かせたいとは思いませんか?」と言ってきた。私は「わかった」と答えた。すると彼は「ならば怪我をしたふりをしましょう」と言った。あれは彼のアイデアだった。

ホテル近くの公園（実際には日本代表と同じ時刻に同じグラウンドでおこなわれた）で、長旅の体をほぐしリラックスするための練習をした。試合前の唯一の練習で、日本のテレビも来ていた。アジジが私のもとにやって来て、「彼らがあそこで見ている。ちょっとやってやろう」と（笑）。真剣なトレーニングではなかった。だから私も許可した。たとえ何の効果もなくとも、失うものも何もないのだから。もしも真剣な練習だったらまったく違っていたが、現実はそうではなかった。記者たちはアジジが怪我をしたのかと尋ねてきたので、私はそうだと答えた。明日、試合に出場できるかどうかわからないと（アジジの事件が起こったのは前日練習がおこなわれたラーキンスタジアムでのことで、前々日のトレーニングではない。ビエイラの記憶違いと思われる）。

――しかし日本サイドは、誰も怪我などとは信じていませんでした。あまりにも不自然でしたから（笑）。

ビエイラ　わかるか。それがメンタリティーだ。今日でも南米やアフリカでは、人々はそういうことをする。相手を疑心暗鬼にするための策略だ。アジジは喧嘩もしたし怪我をした。ここには残らずに帰国する。そうした噂、偽の情報を相手に与える。ブラジルでは日常茶飯事だし、イランでもそうだ。ただ、監督が選手に対して、そういうことをしろとは言えない。日本では絶対にあり得ないだろう。

――私たちの文化ではありません。

ビエイラ　イランは違う。そういう行為が許容されている。当時はまだそれが有効でもあった。今日ではインターネットの普及などで、ニュースは瞬く間に世界中に広まるが、あのころはそこまでの速さはなかった。

アジジはチームの50％だった。彼がプレーしないイランは、中村俊輔のいない日本のようなものだ。彼が本当に怪我をしたのではないことに私は満足しているが、しかしあのジョホールバルで、われわれは真のアジジを試合中に見ることはできなかった。彼の出来はよくなかった。どうしてか私は理解できなかったが……、サッカーではそういうことはよくある。オーストラリア戦では…。

――彼がゴールを決めました。

ビエイラ　そうだが、あのときもあまりよくはなかった。２試合を通してはそう悪くはなかったが、第２戦は第１戦よりも不出来だった。中盤にはカーリム・バケリという選手がいて常に安定していたが、日本戦は出場停止で出られなかった。アジジは出来不出来に波があり、彼がジョホールバルでもう少しいいプレーをしていたら、試合は違っていただろう。

繰り返すがわれわれはフィジカルの準備が十分にできなかった。一週間でフィジカルを調整することなど不可能だ。少なくとも3カ月はかかる。そのうえアリ・ダエイは当時ドイツのクラブ（アルメニア・ビーレフェルト）に所属していた。バケリ（同）やアジジ（1FCケルン）もそうだ。試合のたびにドイツからイランに戻って、その移動だけでも大変だった。今日は、そういう点も考慮されるようになり、サッカーはずっとプロフェッショナルになったが、当時はそうではなかった。

多くの人々が、あのチームが最高だったという。イランサッカー史上でも最強だったと。私も岡チャンの日本代表が、日本サッカー史上最高のチームだと思っている。あのチームには相馬直樹がいた。私が恐れる日本の選手はふたりいた。相馬と、な……。

——名波浩ですか？

ビエイラ　名良橋晃だ。中盤の選手はそれほど怖くはなかった。われわれの中盤も、技術的に日本より優れていたからだ。身体も強く経験も豊富だった。それに対して日本の両サイドバックは破壊的だった。

――サイドを頻繁に行ったり来たりする。しかもスピーディーでした。

ビエイラ　彼らのスピードが、日本の攻撃の原動力になっていた。特に相馬は攻撃参加のタイミングが絶妙だった。イランにはいないタイプの選手で、われわれの右サイドバックは遅くて彼のようなスピードはなかった。だから日本への対策として、マハダビキアを相馬のサイドに、しかもストライカーのような高い位置に置いた。相馬が彼をマークして、攻撃に参加できないようにするためだ。しかし岡チャンもそれを見て、彰二と……。

――岡野雅行ですか？

ビエイラ　岡野が入ったのは延長になってからだ。呂比須ワグナーだ。ヘディングの強い2人を投入した。彼ら2人の頭があれば、相馬はトップまで上がる必要がない。それは効果的だった。彰二は頭で同点ゴールを決めたし、呂比須も頭で得点を決めかけた。もしも日本がわれわれよりも優れた交代要員を持っていなければ……。私のほうは限られていたが、日本は展開に応じて3人を投入できた。そして彰二がゴールを決め、岡野もゴールを決めた。呂比須は先発したふたりのフォワード、カズや中山より危険だった。

日本とイランでは選手の層、試合の流れを変える交代要員に大きな差があった。われわれの戦略の第一は、日本の両サイドを止めること。名良橋があまりオーバーラップしなかったのは、われわれがアジジを左サイドに置いたからだ。だから彼は上がれなかった。右サイドにはマハダビキアと中央にはアリ・ダエイ。しかしアリに対しては、秋田がよくブロックしていた。それでもアリは2度いい形でボールを捉えた。

——得点も決めました。

ビエイラ　2度目は失敗した。ゴール前でフリーだったが。岡野がVゴールを決める直前だ。

これは私の哲学として理解してほしいが、われわれのGKアハマド・アベドザデは、怪我をしているふりをしてずっと動かなかった。時間稼ぎも随分した。ただ、やりすぎると罰を受ける。神はそうしたことを好まない。それなのに彼はやりすぎた。最後のシュートも……。

——ヒデ（中田英寿）が打ったやつですか？

ビエイラ　彼にとっては簡単なボールだった。それなのにこぼしてしまったのは、それまでさんざん演技をして怪我をしたふりをしていたからで、岡野の前にボールがころがった。もしも彼の怪我が演技ではなかったら、彼は中田のシュートも簡単に止めていただろう。そういうものだ。試合の後で私は選手たちにこういった。「時間を稼ぐにしても、もっと違うやり方でやれ」と。GKが怪我をしたふりなど絶対にすべきではない。神様はお見通しだ。オーストラリア戦の前にも同じことを言った。オーストラリア戦では何の演技もせずに、われわれは試合に勝った。というか負けなかった。そしてその試合では、アベドザデが最優秀選手だった。彼は川口能活よりも優れていた。当時の川口はまだ若かった。

私は川口よりも楢崎正剛が好きだ。思うに岡チャンのチームで唯一の弱点がGKだった。他は両SBはもちろん井原と秋田のCB、中盤も名波がいて……。

——中田や山口素弘……。

ビエイラ　私はあのチームが好きだ。もし自分が子供だったら、日本のサポーターになっていただろう。彼らは素晴らしい雰囲気をスタジアムに作り出した。日本のサポーターは2万人はいただろう。試合の間ずっと叫んでいた。

——あなた方にとっては完全にアウェーでしたね。

ビエイラ　試合の後、ホテルに帰るためにバスに乗った。運転手に日本のホテルがどこにあるか知っていたら行ってくれとたのんだ。すると運転手はタクシーを1台呼びとめて、日本のホテルに行くようにと言った。私は選手たちに日本のサポーターの様子を見せたかった。彼らは心から喜んでいた。2週間後の土曜日、われわれもW杯出場を祝ったが、その前に日本がどれだけ喜んでいるかを見ておきたかった。もちろん選手たちは怒った。しかし、われわれは決して悪いプレーをしたわけではない。ただ、フィジカルの準備が少し足りなかっただけだ。それから気持ちも、ちょっと足りなかったかも知れない。試合前のロッカールームのなかで、私は選手たちが暑さに閉口しているのを見た。11月のイランはすでに冬で、テヘランでは雪が降っている。ところが到着したジョホールバルは、とても蒸し暑かった。だからこそ日本は1週間前に入って、気候に慣れようとしたわけだが。われわれの選手は暑さと湿気に不満たらたらだった。

——ナーバスになったわけですか？

ビエイラ　ちょっとネガティブになった。私が選手だったころは、暑かろうが雨が降ろうが、太陽があろうがなかろうが何も気にしなかった。言い訳を探すのはよくない。選手たちは、別に悪気があってではないにしろ、常に言い訳を探している。風が吹いていたからだ。ボールのせいだ。ピッチが悪かったからだ。暑かったからだ。寒かったからだ……。そんなことを考えていては、サッカーはプレーできない。サッカーは屋外でおこなう競技で、外では何が起こるかわからない。私は選手たちにこう言った。君らがイランで夏に試合をするときはとても暑いし、冬の試合では雪が降る。それでも試合をするだろう。ここでも同じだ。暑いが試合をする。とはいえ日本のほうが気候によく適応していたのは間違いない。

――あなたは日本では両ＳＢが一番危険だったと言いましたが、当時の日本最大のスターはカズでした。ただ彼は、予選の間調子を落としていて、彼に続く若いスターが中田でした。

ビエイラ　カズはブラジルでプレーしていた。私に言わせればカズは個人主義者だ。自分でイニシアチブをとりたがる。だがイランにとっては、カズのような選手は危険ではない。

イランのＤＦも同じように技術的に優れ、カズが繰り出すトリックの数々は通用しないからだ。イラン相手に通用するのはスピードだ。名良橋は大柄ではないが俊敏だった。そして相馬は、名良橋よりさらに優れていた。技術もあった。彼らのスピードは、イランのようなチームには大きなダメージを与える。名波や中田ですら、そこまではできない。たしかに中田は強かったが、イランにも屈強な選手が中盤に２人いた。

――イランの選手が疲れて動きが止まらなかったら、結果は違っていたでしょうか？

ビエイラ　私は試合のビデオを何度も繰り返して見た。今も家には日本語のコメントつきのビデオテープがある。日本でダビングしたビデオだ。後半に２対１になったとき、次の１点を入れたチームが勝つ。明らかにそういう状況になった。イランが３対１にすればイランの勝ち。日本が２対２に追いつけば、日本の勝つチャンスが大きく広がる。イランは疲弊して、ガソリンが切れてしまうからだ。私自身は平静で、じっと結果を待っていた。３対１にすれば試合は終わる。そうなる瞬間を待っていた。

難しかったのは、警告を受けている選手を４人も先発で出場させたことだった。彼らは日本戦でも警告を受ける危険がある。日本のプレーが速く、ファールを犯しやすいからだ。そこでもう1枚警告を受けると、オーストラリア戦に出場できなくなる。それから何人かがカタール戦で出場停止になった。バケリがレッドカードで日本戦に出られなかった。それがわれわれの問題で、最高の選手がピッチの外だった。フィジカルにも問題があり、気候ものもの凄く暑い。選手は試合の前日に到着した。テヘランを発つときは雪だったのが、まる1日以上かけて着いたジョホールバルは常夏だ。つまりすべての条件が、イランには不利だった。

われわれが勝ったとしたら、それはまさに奇跡だった。すでに述べたように、希望がなかったわけではない。日本にはドーハの悲劇のトラウマがある。われわれが先制点をあげれば、彼らはその悪夢を思い出す。イランが1対0や2対1でリードすれば、日本は恐れを抱きはじめるだろう。そしてもしイランが勝っていたら、次のプレーオフは日本対オーストラリアだった。日本にとってはイラン以上に難しかっただろう。

――その通りでしょうね。精神的に追い詰められたと思います。チームだけでなくサポーターやメディアなど国民全員が。それだけプレッシャーは大きかったですから。

ビエイラ　当時、テヘランにインターネットはなかったが、私は十分な情報を得ていた。在日本・イラン大使館が、素晴らしい仕事をしてくれたからだ。彼らは新聞や雑誌を集めて翻訳し、ＦＡＸで送ってくれた。だから私は日本がどういう状況・どういう雰囲気であるかを、よく知ることができた。

――凄くファナティックになっていました。

ビエイラ　これがイラン協会に提出した監督のレポートのコピーだ。私が今話したことのほとんどはここに書いてある。

――日本戦の後で、オーストラリア戦の準備をするのは難しくはなかったですか？

ビエイラ　そうではなかった。オーストラリアはわれわれが日本と試合するのを見ている。彼らはジョホールバルに来ていた。私はオーストラリアの新聞に、彼らはイランを恐れていると書かれているのを読んだ。いったいどういうことだ。イランはオーストラリアよりも……。

――強いと？

ビエイラ　いや違う。オーストラリアはよかった。彼らはたしか予選で無敗だった。しかし相手はフィジーやサモアなど弱いところばかりで、そこから大量得点をあげての勝利だった。彼らにとっては、イランが最初の強敵になるのだった。

彼らが愚かだったのは、初戦の場所にテヘランを選んだことだ。われわれには好都合だった。ジョホールバルからイランに戻り、1週間休むことができたからだ。場所を決めたのはオーストラリアだった。彼らが抜け目なく立ち回って、初戦をオーストラリアでやると決めていたら、イランにとって大きな問題だった。ジョホールバルからオーストラリアに直接行かねばならなかったからだ。ところが彼らがイランにやって来た。アザディスタジアムで12万人の観客を前にしての試合は、1対1の引き分けに終わったが、内容はイランのほうが3倍は優っていた。

――完全に支配したわけですね。

ビエイラ　テリー・ベナブルス（オーストラリア代表監督）もそれは認めた。イランのほうがチャンスはずっと多かったと。彼らのチャンスは2回だけだったが、われわれには7回あった。得点は1点だけだが惜しい場面を数多く作った。4人のアタッカーを配して攻撃的な布陣を組み、オーストラリアは守りに専念した。彼らのチャンスはハリー・キューウェルが作り、彼がゴールを決めた。キューウェル自身が得点できて驚いていた。

われわれにとってオーストラリアは難しくはなかった。自信があったからだ。日本といい試合をすることができた。ジョホールバルから帰国したとき、テヘランの空港には1万人のサポーターがわれわれを出迎えた。彼らは花束を持って選手たちを待っていた。私に対してすらも、抱きつかんばかりに歓待してくれた。「試合に負けたのに」と言ったが、いいプレーをしたことに彼らは満足していた。

それまでの予選で、結果はともかくイランの出来は決してよくはなかった。最終予選では得ることのなかった自信を、日本戦で得ることができた。次の土曜のオーストラリア戦も、ホームで素晴らしい試合をした。アウェーゲームを2対2か3対3で終えれば、それは勝利を意味する。

当然ながら第2戦は、オーストラリアが攻勢に出て4~5点取っていてもおかしくはなかった。彼らの攻撃は津波のようで、アベドザデは大忙しだった。しかしわれわれには運があった。わたしはただ天を仰ぐばかりで、ああいうときは何もできない。

シュウイチ、サッカーでは2対0とリードされたとき、やるべきことはひとつしかない。それは攻撃だ。2対0も3対0も4対0も同じことで、2対0なら攻撃に転じる。1点を取って2対1になれば、そこから同点に追いつけるからだ。相手が浮足立つ。

――2点リードされながら同点に追いついたオーストラリア戦がまさにそうだったのですね。

ビエイラ　1対0のときは、まだ守備に重きを置いていた。しかし2点を取られてからは、守備を捨てて攻撃に専念した。イラン人は、そうしたことをすぐに実行できる。2対0も4対0も同じだと思って開き直れる。もちろん運もあった。それは認める。運なくしてはああいうことは不可能だ。

すべてはうまくいったと思う。客観的に3チームを比べたとき、ベストの2チームはイランと日本だった。その二つが予選を突破した。オーストラリアはフィジーら小国には強かったが、それ以上ではなかった。

——予選の後、どうしてイランの監督を続けなかったのですか？

ビエイラ　政府がイラン人の監督を望んだからだ。協会にとっては外国人監督が好ましかった。

——両者の対立はずっと続いていたのですね。

ビエイラ　協会からこう言われた。カルロス・ビラルド（1986年メキシコW杯優勝監督）のようなネームバリューのある監督を招聘《しょうへい》したいと。ビッグネームならば政府も納得せざるを得ない。私は承諾するしかなかった。それで彼らはトミスラフ・イビッチ（10カ国のクラブと4カ国の代表監督を務め、数々のタイトルを獲得した名将）にオファーを出した。しかし誰もがわかっていたことだが、たとえイビッチの招聘に成功しても、政府はW杯までにイラン人監督に交代するだろうと（97年12月に就任したイビッチは、5試合を指揮しただけで98年4月に解任）。そのイラン人監督（ジャラル・タレビ）は、私の友人でもあった。W杯の期間中、私はオマーンにいたが、彼は毎日のように電話をかけてきた。というのも選手たちは、彼よりも私のいうことをよく聞いたからだ。だから彼は選手たちに、自分はバドゥの友だちだと話さざるを得なかった。

イラン人監督で本大会に臨むのが政府の方針だった。外国人の助けを借りているというイメージを与えるのを、ナショナリストである彼らは善しとしなかったのだろう。それは今日も変わらない。今の監督を決める際にも私ともコンタクトをとるし、韓国人コーチにも声をかける。しかし最終的に指揮を委ねるのはイラン人だ。アメリカで仕事をしているアフシン・ゴトビ（後の清水エスパルス監督）に決めた。私の知らない人物だ。ゴトビは、以前韓国でヒディングのアシスタントをしていたから、悪くはないだろう。ただサポーターからは支持されていない。彼はほとんどをアメリカで過ごし、イランにはあまり帰っていないからだ。

――西洋化されているわけですね。

ビエイラ　そうだ。ただイランの状況が常に複雑で、問題が山積しているのは間違いない。そうでなければ、私は監督としてのキャリアをイランで終えていただろう。あの雰囲気は、本当に素晴らしい。クラブですらそれはある。例えばエステグラルとペルセポリスのテヘランダービーなどは、12万人の観客が集まる。

――これまでいろいろな国で監督をしてきましたが、難しい国とやりやすい国はありましたか？

ビエイラ　適応で問題を感じたことは一度もない。理由は第一に私はサッカーが大好きだからだ。選手と関係を築くのは、私にはたやすいことだ。選手たちは私を容易に理解する。日本語を話さないという言葉の問題があってもだ。選手と会話をすると、彼らは私が独裁者ではないことを即座に理解する。同じサッカーを愛する友人であるということを。監督の中には、サッカーが好きではない印象を与えるものもいる。

私は選手を自分と同等に扱う。彼らも自分と同じくサッカーを愛するものであるからだ。エルサルバドルやコスタリカ、イランで仕事ができたのも、そういうことだと思っている。地元の人々も、話をすればすぐに私が一緒に仕事をしやすい人間であることを理解する。そのうえ私は攻撃サッカーの信奉者だ。ほとんどの選手は得点が大好きだ。サポーターも同様で攻撃を好む。それは私にとって仕事をしやすくする。

ジョホールバルのプレーオフの後、もし日本に来るならば、ビッグクラブで仕事がしたいと思っていた。

――当時なら十分可能だったでしょうね。

ビエイラ　しかしオマーンから、とてもいい条件で代表監督のオファーがあった。だからオマーンに行ったが、いつの日か日本に来たいとずっと思っていた。日本は仕事がしやすい。日本にはフェアプレーの文化があるからだ。選手もそうだし、サポーターもプレスもそうだ。

――そうかも知れません。今日はありがとうございました。

# 第三章　動のトルシエ、静のオシム

## ▽インパクト

「伊東選手の母親が昨夜亡くなりました。彼の悲しみを尊重して、私は何も話さないことにします。この残酷な悲しみに比べたら、サッカーの試合は取るに足らないことだ。ありがとう。さようならみなさん」

母親を亡くした伊東輝悦への弔辞だけを述べると、フィリップ・トルシエは通訳も終わらないうちにメディアで溢れかえる会見ルームを後にした。何が起こったのか訳がわからず、茫然《ぼうぜん》と見送る記者たち。1998年10月28日、大阪・長居スタジアム。フランスW杯後の最初の公式戦であり、トルシエの監督就任後最初の試合でもあったエジプト戦に勝利した後の、監督会見の席での出来事である。

トルシエは、スタートから強烈なインパクトを日本に与えた。それはサッカーとは直接関係のないピッチの外でのことであったが、広い意味ではサッカーとも結びついていた。少なくともトルシエにとっては、サッカーと同様かそれ以上に大事なことであり、人間的な側面を欠いたらサッカーにおける進歩もあり得ないという彼の信念がそこにはあった。

だが、その表現があまりに唐突であったために、共感よりも前に誰の理解も得られなかった。エキセントリックさよりも神妙さのほうが強い印象を残したが、それはほんのはじまりにすぎなかった。トルシエと日本の嵐のような4年間が、ここから始まったのだという実感は、彼に対する予備知識をある程度得ていた私でさえ、このときはまだ感じることができなかった。噂通りのちょっと変わった監督だな、というのが正直な印象だった。

初出場のフランスW杯を3連敗で終えた日本にとって、岡田武史の後を継ぐ代表監督を誰にするかは重大な問題だった。韓国と共同開催する次の2002年大会では、グループリーグ突破が絶対のノルマであり、そのために日本代表を誰の手に委ねるかは、日本サッカー協会が下すべき最も重要な決断であった。

意中の人はアーセン・ベンゲル。名古屋グランパスを短期間のうちにJリーグ最高レベルのチームへと変貌させ、ヨーロッパに戻ってからも選手の高齢化が顕著なアーセナルを、養老院と揶揄《やゆ》されたディフェンスラインはそのままに、2シーズン目にはリーグとカップ優勝のダブルクラウンに導いた。能力は折り紙付きである。

だが、ベンゲルは、早々にアーセナルとの契約を更新し、日本への扉を閉じた。日本協会から相談を受けたフランス協会が作成した候補者リストには、レイモン・ドメネク（当時五輪代表監督。後にA代表監督として2006年W杯準優勝）やギィ・ステファン（当時ナショナルコーチングスタッフ。その後ロジェ・ルメール監督のアシスタントコーチとしてEURO2000優勝。現在はディディエ・デシャン監督のアシスタントコーチを務めEURO2016準優勝。2018年ロシアW杯優勝）らと並びフィリップ・トルシエの名前も記されていた。日本から相談を受けたジャン・ベルバックフランス協会副会長――日本贔屓でムッシュー・ジャポンの異名を持つ――とベンゲルの強い推薦もあり、W杯期間中に日本協会の意向はトルシエへと傾きつつあった。私がトルシエと初めて顔を合わせたのもそんななかだった。場所はパリのパルク・ドゥ・ラ・ビレットにあるシテ・デ・シエンス。ここで準々決勝を直後に控えた7月1～2日の2日間にわたっておこなわれた国際監督シンポジウムに、トルシエは講師として招かれたのだった。

ジェラール・ウリエ（当時フランス協会技術委員長、前フランス代表監督にして後のリバプール、リヨン監督）の主導のもと、フランス協会の肝いりで開催されたこのシンポジウムには、フランツ・ベッケンバウアーはじめカルロス・アルベルト・パレイラ、カルロス・ビラルド、リヌス・ミケルス、マルチェロ・リッピ、ヨハン・クライフ、アーセン・ベンゲルなど錚々たるメンバーが演者に名を連ねていた。２日目のみに参加した私は、一緒に聴講したザビエ・バレ（フランス・フットボール誌）とともに、カクテルパーティーではトルシエとの会話の輪に加わった。私たちのすぐ近くでは、ジェレミー・ウォーカー（当時デイリー・ヨミウリ紙）がベンゲルから「アーセナルとの契約が切れた後は、日本に行く可能性もある」という言質を取りつけて、興奮を隠せない様子だった。

私はといえば、トルシエとのんびり談笑していた。次の代表監督が誰になるかは興味あるが、ベンゲルはあり得ないという確信があったし、誰であるかをスクープすることには興味がなかった。記者失格のメンタリティーかも知れないが、新聞や週刊誌の経験がなく、情報の露出が他よりも１日早いことに価値を見いだせないのだから仕方がない。それよりも、日本人記者は誰もいない試合を取材したり、誰も話したことのない人物をインタビューするほうがずっといい。どんな好き勝手を書いても、誰も何も文句を言えないからである。その分、記者としての嗅覚は劣っているのだろうと思う。

だからこのときも、トルシエが「日本からコンタクトがあった」と自分から告白しても、まったくピンとこなかった。シンポジウムは田嶋幸三と小野剛（当時ともに日本サッカー協会技術委員）も聴講していた。日本人は私も含めて3人だけである。しかも普段は親しく挨拶をかわす田嶋と小野が、この日は私を遠巻きにするだけで話しかけてこない。トルシエは「日本の関係者と会食した」という。「行く気はなかったので断った」とのことだが、嗅覚に優れた記者ならば「これは何かある」と直感しただろう。ところが私には、トルシエと日本代表監督を結びつける発想がまったく浮かばず、彼にオファーを出したのはガンバか、あるいはグランパスかなどとのんきに考えていた。

日本に戻ってからしばらくして、トルシエが有力候補に挙がっていると聞き驚いた。W杯決勝翌日、ロンドン郊外にベンゲルを訪ねてインタビューした際、次期日本代表監督についての私の質問に、ベンゲルが口ごもったのはこのことだったのかと思った。

その後、改めてトルシエについて電話で尋ねると、ベンゲルはこう答えた。

「私が推薦したわけではない。しかし日本協会から尋ねられたのでコメントしたのは事実だ。フィリップとは10数年来の友人で、能力の高さはよくわかっている。経歴も申し分なく、アフリカでは代表でもクラブチームでも、あらゆることをやり尽くした。彼が（日本代表監督に）就任すれば、日本にも大きなプラスになるだろう」

ただ、ベンゲルにしても、トルシエが日本にとって「バズーカ砲」――後にトルシエが日本協会やメディアともめたときの事情を説明すると、ベンゲルは「あいつはバズーカだから」と言って笑いを浮かべた――にもなるであろうことは、このときは黙っていた。日本のように、開けているようでいて外部から隔絶されている世界では、ときにバズーカの刺激も必要とベンゲルが考えてもおかしくはなかった。

「指導は軍隊式だし選手を平気で殴るぞ。どうして日本は彼を監督にしたんだ？」

何人ものフランス人記者から同じことを言われたが、私にも答えようがない。彼らからすれば、トルシエこそは「アフリカに君臨する暴君」であった。奇想天外なエピソードの5つや6つはあっという間にあげられる。

たしかにトルシエは、チームを強くはする。ASECアビジャンを率いたコートジボワールでは4年間国内無敗。ナイジェリアではスーパーイーグルス（ナイジェリア代表の愛称）をW杯出場に導き、ブルキナファソ（以下ブルキナ）ではアフリカ全52カ国中48位の弱小チームであったレズエタロン（ブルキナ代表の愛称）を、アフリカ・ネーションズカップでベスト4に進出するまでに躍進させた。「白い呪術師」（トルシエの愛称）は、どこでも結果を残す。しかしどこでも軋轢《あつれき》を生む。大統領を凌ぐほどの人気を得たブルキナでも、アフリカ・ネーションズカップがはじまるまではプレスの批判を浴び続け、協会ともしばしば対立した。それもわずか5カ月の滞在期間中にである。

日本で得たニックネームは「赤鬼」だった。練習中に選手を怒鳴る、小突く、体当たりを食らわせる。感情の抑制が利かずに、すぐに顔を真っ赤にして選手やスタッフ、メディアに当たり散らす。その姿がまるで赤鬼——実際には日本人といえども、誰も本物の赤鬼を見たことはないが——のようであることからついたニックネームであった。

## ▽規格外で不器用

「フランス人はみんなトルシエみたいなんですか?」

日本がフランスに0対5の大敗を喫したスタッド・ド・フランスでの試合（2001年3月24日）の際に、中田英寿がジャンフィリップ・コワント（レキップ紙）に尋ねた質問である。

もちろん答えは「ノン（否）」で、トルシエのような人間はフランスでも規格外である。

今は角が取れて性格もずいぶん穏やかになったが、当時のトルシエのエキセントリックさはフランスでも突出していた。だが、日本ではそこまではなかなかわからない。例えば私も、2013年のコンフェデレーションズカップでブラジルに2週間滞在するまでは、ブラジル人は誰もがセルジオ越後やラモス瑠偉のようにアグレッシブで攻撃的なのだろうとずっと思っていた。それほどふたりのインパクトは強烈で、トルシエに対しても同じことを感じる日本人がいても決して不思議ではなかった。

規格外の性格と情熱がどこから来ているのか、何に起因するのかは、トルシエ本人にも恐らくわからないだろう。ただ、彼は、それがフランスでは容易に受け入れられないことを本能的に感じていた。だからこそアフリカに新天地を求め、さまざまな制約（金銭的な制約や政治圧力、手段の欠如や非合理性）にもいっさい妥協せず、エゴイスティックなまでに自分を貫き通した。

「経済力がアメリカに次ぐ世界第2位（当時）」の日本には、アフリカが抱える問題はほとんど存在しない。来日したばかりのころ彼は、W杯という「野心に満ちたプロジェクト」を遂行する「使命」が自分に与えられたと何度も繰り返した。日韓W杯を4年後に控えた日本は、トルシエにとって自らの能力を存分に発揮し野心を実現する格好の舞台だった。

「これだけ人間関係に不器用な人間が、日本で4年間仕事をまっとうできたことが不思議だ」

私にそう語ったのはパトリス・ルロワだった。慶応義塾大学で心理学とフランス語の講座を持つルロワは、20代半ばで来日して東京日仏学院（現アンスティチュ・フランセ東京）講師を務め、以来出入りを繰り返しながら日本を拠点に活動している。年齢はほとんど変わらないが、日仏学院時代は私のフランス語の恩師でもあった。

ルロワのトルシエへのインタビューは、最初はNHKテレビフランス語会話の番組用に国立競技場の無人のスタンドでおこなわれ、2度目は南仏のヴィシーで、ルロワがカリム・ドリディと共同で制作したドキュメンタリーのために撮影された。そのときルロワはトルシエにこう言った。

「君は日本で必ずしもいいイメージを持たれていない。テレビで見る限り、ときに日本人に対してシビアで、軽蔑しているようにさえ見える。差別的ですらある」

ルロワの言葉に心底驚いたトルシエはこう答えた。

「信じられない。それはまったく逆だ。私は日本人が大好きだ。だが、彼ら（選手たち）がわがままな子供になってほしくない。もしも自分に子供がいたら、私は彼らの人生を素晴らしいものにするために、とても厳しく育てる。選手にも同じことをしているだけだ」

トルシエが選手に厳しいのは、彼らを愛しているからだとルロワは言う。

「選手と一緒にいられることを、フィリップは喜んでいる。それは彼が、子供がいない苦しみをサッカーで埋めようとしているからだ。アフリカでも日本でもそう。彼は子供のわがままを認めない。雨が降った、ピッチが悪いから練習したくないと言っても、そんなことは彼には容認できない」

もちろんトルシエの行動のすべてが理不尽ではない。挑発的な言葉も、正論を言っていることのほうが多い。なのに、ほとんどが反発されてしまう。同じことを後に日本代表監督に就任したイビチャ・オシムが言えば誰もが耳を傾けるのに、トルシエだと聞こうとしない。いくら正しくともお前には言われたくない。そんな感情が先立ち、拒絶反応を起こす。人望の違いと言ってしまえばそれまでだが、その落差は私には大きな驚きだった。同じスポンサー批判でも、人格者オシムの言葉ならＯＫでトルシエはＮＧなのか。

就任間もない１９９８年10月、Ｊヴィレッジに総勢57人のＡ代表候補と五輪代表候補を集めた合宿では、選手の取材時間が制限されたことに不満を募らせたメディアを代表して、記者クラブ幹事社の記者たちが取材時間を増やしてほしいとトルシエに要望を伝えた。トルシエは彼らに「そんなに取材がしたければ、あそこに原子力発電所があるから存分に取材すればいいだろう」と答え、遠くに見える福島第一原子力発電所を指さした。東日本大震災を経た今日では、ジョークとしても見過ごせないフレーズだが、そのときはトルシエらしい切り返しだと思わず笑みがこぼれた。真剣に話し合いに行った記者にすれば、とてもではないが容認できる返事ではなかっただろう。

感情をコントロールできないトルシエが、しばしば暴走を繰り返したのは事実である。私にとってトルシエは、人間の成熟とは何かを真摯《しんし》に考えさせる鏡でもあった。

## ▽私を信頼

「私は彼を信用する。日本では彼を頼りにする」

私の前でトルシエがそう言ったのは、彼との2度目のインタビューを済ませ、滞在中のヒルトン東京の部屋に場所を移して、別の打ち合わせにはいったときだった。「君も来てくれ」とトルシエに言われ、「彼も一緒でいいんですか？」と言うサミアコーチの問いに対する答えがさきのコメントだった。

なぜ、彼は私を信用したのか。本当の理由は今もわからない。ただ、日本でも、信頼の置ける人間は必要だった。たまたま目の前に私がいた、そういうことなのだろう。

頼まれたのは、選手リストの作成だった。

「Jヴィレッジで A 代表と五輪代表それぞれ30人ずつ集めて合宿をおこなう。候補は絞り込んでいるところだが、メディアの意見も聞きたい。君の友人の記者たちと、ポジションごとに A 代表と五輪代表それぞれ5人ずつ順位をつけて、選手をリストアップしてほしい」

私からも提案した。年に何回か、節目の出来事があるときに、ロングインタビューをお願いしたいと。トルシエが承諾し、私のジャーナリスト人生に計り知れない影響を与えた、トルシエとの濃密な4年間がこうして始まった。

「私には私のコンセプトとシステムがある。それは練習や試合を通じて明らかになるだろう。練習方法も、これまで日本では見たこともないものだ。日本人にとっては、それは驚きだろう」

選手がランダムに動きながら、受け手の名前を呼んでパスを出すパス・コントロールに始まり、ボールの位置の変化に応じて選手も位置取りを変える守備練習。後にフラット3の名で広く浸透するスリーバックのラインディフェンスのコントロール。さらには相手を置かず、自分たち同士でパスワークからフィニッシュまでの精度を高めていくシャドウトレーニング……。トルシエのトレーニングは、彼の言葉通りどれも独創的で新鮮だった。トレーニングプログラムや合宿プログラム自体も、緻密で理にかなっている。

この監督は本物だ。彼の下でなら、日本は強くなれる。トレーニングを見た瞬間に確信できた。

Jリーグバブルははじけたとはいえ、日本サッカーそのものはW杯を控えて進化を続けていた。誰もが真剣に、真摯《しんし》に日本代表の成長を願っていた。W杯で日本代表が弾けることを。トルシエの情熱は、そんな日本全体の熱量と比べても、ひとりでバランスが取れるほどの量だった。彼は惜しみなくその情熱を、ストレートに日本サッカーに注ぎ込んだ。軋轢《あつれき》は厭わない。発散する熱にあてられた人々は、誰であろうと、またどれほど良好な関係を保っていようと、すべてを受け止めきれない。

「トルさん（代表スタッフの間でのトルシエの愛称）と仕事をした後は、しばらく彼の顔を見たくなくなる」

スタッフのひとりがあるときそう語ったが、私も気持ちは理解できた。妻のドミニクも同じことを言う。「フィリップと1か月も一緒にいると、しばらく離れていたくなる」と。トルシエの熱に長くあてられると、たとえそれがどれほどポジティブなものであろうとも、対《たい》峙《じ》する人間は消耗しつくすのだった。

「ジャーナリストたち。また力を貸してくれ。この試合のマンオブザマッチは彼でＯＫか？」

いつものように試合終盤に、ＡＦＣ（アジアサッカー連盟）役員のサイモン・シンプソンから意見を求められた。特に記者席はなく、一般席で試合を見ていた後藤健生と私は、「ああ、ＯＫ」とか「いや、彼はないだろう」などとシンプソンに答える。傍らではトルシエが、「この固い椅子で2試合見るのはさすがにキツイな」と不平を漏らしながらも、最後まで観戦を続けている。毎日のように繰り返される光景。私たちはU19アジアユース選手権取材のため、タイのチェンマイに来ていた。Jヴィレッジで初めての合宿を終えたトルシエも、五輪代表よりさらに若いユース世代の視察と、2カ月後におこなわれるアジア大会の下見を兼ねてタイを訪れていた。

10月のタイは、暑すぎずもなく寒くもない。雨も降らない過ごしやすい気候で、サッカー観戦にはうってつけである。地元タイ戦以外は観客もまばらで雰囲気はいたってのどか。トルシエもリラックスして試合を楽しんでいる。

そのトルシエの目の前で、日本の若い世代が躍動した。いわゆる『黄金世代』である。小野伸二、稲本潤一、高原直泰、播戸竜二……。清雲栄純監督に率いられた日本の若き精鋭たちは、韓国にこそ敗れたもののグループリーグを2位で通過すると、準決勝ではサウジアラビアを4対2と破り、翌年にナイジェリアで開催されるワールドユース選手権（現U20ワールドカップ）の出場権を獲得した。決勝でも再び韓国に敗れ、悲願の初優勝はならなかったが、プレーのクオリティーは間違いなく参加国中最高であった。A代表と五輪代表の下に、まばゆい黄金が隠されていた。トルシエは驚きを禁じ得なかった。
「ユース代表の監督もやらないかと協会からオファーを受けた。契約には入っていないが君はどう思う?」とトルシエから言われたのは、バンコク・シェラトンホテルのプールだった。

日本がアジア大会で敗退した後も、トルシエは残ってアジア諸国の視察を続け、私は取材を続けていた。五輪代表で臨んだ日本は準々決勝に進出できなかった。ガルフカップ2連覇、1996年アジアカップでは準々決勝で日本を破り、中東最強と評判の高かったクウェートに完勝したのは快挙だったが、韓国とUAEには敗れてグループ3位。A代表を相手に力不足の感は否めなかった。

清雲の契約満了にともない日本協会は、トルシエに当初の契約には入っていないユース代表監督就任を打診した。ターゲットは5月にナイジェリアでおこなわれるワールドユース選手権である。ぜひ受けるべきだと私も答えた。五輪代表にはユース代表から何人か必ず入る。シドニー五輪の準備のためにもユース代表監督は引き受けて損はない。それにナイジェリアは、苦い経験ばかりとはいえトルシエが勝手知ったる国である。彼が一緒なら日本が有利に戦えるのは間違いない。だから絶対にやるべきだと。

## ▽ブルキナファソ

行動は早かった。正月の高校選手権を私と一緒に見た後、トルシエがユース代表を連れて行ったのはブルキナファソ（以下ブルキナ）だった。

1998年フランスW杯前の5カ月間、トルシエはブルキナ代表監督を務めて、アフリカ最弱のひとつと見られていた同国を、アフリカ・ネーションズカップでベスト4に導いた。国民的英雄と崇められているブルキナで、トルシエは地の利を存分に生かした合宿をおこなった。もちろん直接の目的は、来るべきナイジェリアでの大会を前に、アフリカの地を経験して選手に慣れさせることである。だが、トルシエが本当に狙ったのは、その過程を通じて選手たちが人生の経験を積み、ひとりの人間として成熟していくことであった。

プロサッカーとは、成熟した大人が実践する競技である。では、成熟した大人にはどうすればなれるのか。ブルキナ合宿はトルシエが用意したひとつの答えであり、イビチャ・オシム流の言い方をすればそこに彼の人生哲学が込められていた。

ブルキナは、アフリカでも最も貧しい国のひとつである。国民ひとりあたりのＧＮＩ（国民総所得）はガーナやコートジボワールの半分以下。農業国だが土地は痩せている。金を産出するが、さしたる資源にも恵まれず貿易は常に輸入超過。電力も自前ではまかなえず、近隣諸国から輸入している。そのためか、首都ワガドゥグでも停電は日常茶飯事である。

ただ、ワガドゥグでは、アフリカ最大の映画祭が2年に1度開催されている。またサッカーは、地元開催のアフリカ・ネーションズカップでの準決勝進出が起爆剤となり、W杯出場こそまだないものの、アフリカ・ネーションズカップでは本大会の常連となり２０１３年には準優勝（決勝でナイジェリアに0対1で敗退）、17年にも3位という好成績をあげるにいたった。ＦＩＦＡ（国際サッカー連盟）のアンダーカテゴリーでも、Ｕ17ワールドカップに4度（3位1回）、Ｕ20ワールドカップに1度出場している。

国は貧しいが国民は勤勉で知性にも溢れ、性格も穏やか。だがいまだ覚醒はしていない。機会にも恵まれない。私のブルキナの印象である。

こんなことがあった。トルシエと私は、滞在しているホテルのプールサイドで談笑していた。私たち以外、プールには誰もいない。するとひとりの青年が、敷地の外から歩み寄り、トルシエと何事かを話しはじめた。しばらく話した後に、青年はトルシエに封筒を渡して去っていった。知り合いかと尋ねると初めて会ったという。封筒の中身は青年の履歴書で、トルシエに仕事の斡旋《あっせん》を願いに来たのだった。トルシエと話すときの青年の緊張は、隣にいた私にもひしひしと伝わってきた。恐らくは清水の舞台から飛び降りるつもりで会いに来たのだろう。だが、トルシエにも、サッカーとまったく関係のない仕事を紹介できるはずもない。

「この経歴を見ろ。素晴らしいだろう。これだけの能力とやる気があってもどこにも生かせない。これがアフリカの現実だ」と、トルシエには言われた。

トルシエは選手たちに「アフリカの現実」を体験させた。

ワガドゥグで宿舎に充てられたソフィテル・スリマンデは、ブルキナで最も格式の高いホテルである。ホテルにとどまっている限りは、さほどの不自由は感じない。だが、それでも日本人スタッフは、「雑菌が心配だから」と選手たちにプールに飛び込むのを禁じた。ところがトルシエは、「平気だ、飛び込め」と言う。そんな軋轢《あつれき》の繰り返しだった。

ワガドゥグで第1戦を終えた後、第2戦がおこなわれるボボデュラソーへの移動も困難を極めた。ボボデュラソーはブルキナ第2の都市である。ワガからボボ（地元の人々はふたつの都市をこう呼ぶ）への道は、日本でいえば東京と大阪を繋ぐ大動脈である。なのに舗装からして酷い。200㌔強の道のりで、ちゃんと舗装されているところがほとんどないのである。その道を人や家畜が平気で横切っていく。ワガの市街を出た辺りでは、道沿いに人々がたむろしていた。後にトルシエに聞くと、疫病のために市内から追い出された人たちであるということだった。

帰りはもっと大変だった。「夜は危険だからここに泊まっていけ」と言うトルシエのアドバイスを聞かずに、ボボを発ったのは夜9時を過ぎていた。行きと同じなら、帰りも深夜3時すぎには戻れるだろうと高をくくっていたが甘かった。まず、道に街灯がひとつもない。車のライト以外は真っ暗である。その夜道を、人や家畜が突然横切る。運転手付きで私たちが借りた車は、ブルキナでは極めて珍しいピカピカのランドクルーザーだった――大概の車はガラスが割れていたり、車体がへこんでいたりする――が、スピードなど出せるはずもない。しかもよくよく見ると、沿道に車が止まって人が佇《たたず》んでいる。暗闇の運転を諦めた人たちが、そのまま夜を明かすことにしたのだろう。こんなことならトルシエの言う通りに、ボボのホテルに泊まっていたほうがよかったと後悔したが後の祭りで、ほうほうの体でソフィテルに戻ったのは朝になってからだった。

ところが後にボボに残った選手たちの話を聞くと、そちらも壮絶だった。まず食事を巡り、ホテルの料理をすべて食べさせようとするトルシエと、衛生面を考慮して安全なものだけに限ろうとするドクターとの間で激しいやりとりがあった。ホテルの寝室は冷房がよく効かない。蚊がいても蚊取り線香が効かずに眠れない。シャワーや水道の出も悪い……。ボボでは一番のホテルという触れ込みも、このありさまであった。

帰路の途中、トルシエは一行をワニ園に連れて行き、生きた鶏を食べるワニを選手に見せてその体にじかに触れさせた。別の夜にはソフィテルのディスコを借り切って、ダンスパーティーを開催した。

「こうやって見ていると、誰が楽しんでいて、誰が所在なげにしているかよくわかる」

トルシエの言葉通り、稲本潤一や播戸竜二などはドラムを叩いてミュージシャンたちのセッションに加わり、お開きになった後も残って騒いでいたのに対し、すぐに部屋に戻って行った選手たちもいた。トルシエはそういうところをきっちりと観察していた。

さらに選手たちには公人として振る舞うことも経験させた。ひとつがモロナバ皇帝への表敬訪問。もうひとつがブルース・コンパオレ大統領への表敬訪問だった。

モロナバは皇帝とはいっても権力は何も持たない、象徴としての存在である。住居も粗末で、数人の側近に支えられて暮している。ただ、存在自体は神であるから、人間とは直接話をしない。神の言葉は、傍に控える子供たちが口移しに伝えるのである。その神の前に、一行は跪いて挨拶をした。そしてサッカーが大好きな神と、人間たちがＰＫ戦で雌雄を決したのだった。人間・小野伸二が蹴ったボールは見事に神に止められ、神が蹴ったシュートを人間・トルシエは抑えきれず、ＰＫ戦は神の勝利に終わった。

コンパオレ大統領への訪問では、私が失態を犯した。日本とのやりとりで集合時間に遅れ、チームバスで発とうとするトルシエには、タクシーで追いつくからと伝えてホテルに待機するタクシーに飛び乗った。ところが「バスを追いかけてくれ」と伝えた運転手が向かった先はガソリンスタンドだった。ブルキナでは、タクシーのガソリンタンクはほぼ空で、運転手は行き先を聞いてからスタンドでガソリンを補給する。ガソリン代はもちろん客の負担である。そのことを忘れて、すぐに追いつけると思っていたが、瞬く間にバスを見失ってしまった。ようやく官邸まで辿り着いても、なかなか守衛がゲートを通してくれない。中に入ったときには、行事はすべて終わって大統領が部屋を去った後だった。

郊外の広大な敷地に建てられた、ほとんど人気のない宮殿のような豪邸。そこに至る道も完璧に舗装されているが、見渡す限り車は一台も走っていない。ワガドゥグ―ボボデュラソー間の悪路と雑踏からは想像もつかない快適さで、その落差に大きなショックを受けた。これもまた「アフリカの現実」だった。

トルシエが与える過酷な刺激にも、選手たちは柔軟に順応していった。加地亮や播戸竜二のトルシエ形態模写は、動きがトルシエ本人以上と思うほどに精緻にデフォルメされていて大いに笑いを誘ったし、永井雄一郎の誕生日は、ホテルが用意したケーキを食べながら選手たちだけがプールサイドで祝った。もちろん戸惑いが完全に拭えたわけではないが、若い選手たちとトルシエとの間には、スタッフやA代表の選手たちが感じているような壁があるようには見えなかった。

それはピッチの上でも同じだった。トルシエの課す、彼らが教わってきたものとは異なるトレーニングやアグレッシブな指導にも、彼らは瞬く間に慣れていった。シャドウトレーニング（相手を置かず、自分たちだけで攻撃のボールを回すセッション）では、スピードも正確さもA代表以上で、まるでスポンジが水を吸収するように日ごとに成長を遂げた。

ブルキナ合宿のもうひとつの目的は、スタッフの意識を変えることにあったのではないかと思っている。トルシエにはっきりと確認したわけではないが、大会に向けてのアプローチで、トルシエと山本昌邦コーチをはじめとする日本人スタッフの間では、基本となる考え方が180度異なっていたからだ。

戦いの舞台にできる限り日本を持ち込むこと。自分たちの周囲を日本化することが、いい成績をあげるための最善の方法であると日本人スタッフは考えていた。それは日本協会の考えでもあった。チームで戦うときはそれでもいい。では、ひとりの選手が海外のクラブに移籍した場合はどうなのか。また、伸び盛りの10代の若い選手たちにも、保護され住み慣れた環境ばかりを与え続けるのはいいことなのか。

成長の過程にあるユース代表選手よりも、すでにプレースタイルが確立したA代表のベテラン選手のほうが、トルシエのラディカルなプレースタイルを身につけるのは難しい。頭では理解できても、身体がなかなか自然に反応しない。同じことはスタッフにも言える。経験に裏打ちされた自分たちの方法論に自信があるだけに、理屈はわかってもトルシエのメソッドやコンセプトを選手以上に受け入れられない。彼らの既成概念を崩すために、トルシエはブルキナ合宿をおこなった。そしてその後も、同様の刺激を与え続けたのだった。

### ▽ナイジェリア

ワールドユースの舞台となったナイジェリアは、ブルキナ以上の異世界だった。ブルキナは日本と環境が大きく異なっても、そこに住む人々のメンタリティーは日本と通底するものがあり、常識もそう違っているようには見えない。だが、ナイジェリアとなると……。

まずホテルのチェックインで驚いた。私たちが到着した夜にチェックインしたカメルーンの記者たちが、いきなり新聞紙に包まれたレンガのような塊を、フロントデスクの上に数個ドンと積み上げた。何事かと思って見ると、それはナイジェリアの通貨であるナイラの塊だった。札束などという生易しいものではない。本物の塊。それが5つか6つ、レンガがブロックのようにデスクに積み重ねられた。その物理的な迫力に圧倒された。

ナイジェリアでは、クレジットカードがほぼ使えない。支払いはキャッシュのみ。しかもドルでの決済はできずに、ホテルのチェックアウトでは、街の両替所でドルをナイラに換金して支払わねばならない。しかもその量ときたら……。両替所の換金も、ホテルでの支払いもいちいち紙幣の数をすべて数える。他の国ならものの5分で済むことに、半日がかりで取り組まねばならない。

また、レストランでも、オーダーを受けてから料理に取りかかるまでにもの凄く時間がかかる。だいたい30分。何をしているわけでもない。ただ、厨房で料理人たちが談笑している。ナイジェリアのなかで唯一ヨーロッパの常識が通用したシェラトン・ラゴスですらそうだった。

もともとナイジェリアは、1995年のワールドユース開催国になりながら、政情不安により返上している（代わってカタールで開催され、中田英寿や松田直樹、森岡隆三、奥大介、山田暢久らを擁した日本は初めてベスト8に進んだ）。この大会が開かれた1999年当時もラゴスの治安は世界最悪レベルで、特に空港が危険と言われていた。

ただ、ひとたび地方に行けばのどかな田園風景が広がっている。ホテル周辺には軍隊が配備され、警備に当たっていたものの、危険はまったく感じなかった。ブルキナでの経験がある選手たちも、試合や練習以外の時間をのびのびと過ごすことができた。日本と同じグループに入ったイングランドはエクイップメントが盗難にあい、神経をすり減らしたことと比べたら大きなアドバンテージであった。

トルシエはここでも若い選手たちに「現実」を経験させた。試合の合間を縫って、地元の孤児院を訪問したのだった。精一杯着飾って選手たちを出迎え、歌や踊りを披露した子供たちを、選手たちも笑顔で抱きかかえて感謝の意を示した。「僕もいつかこんな子供たちが欲しくなりました」という小野伸二のコメントは、決してメディア向けのリップサービスではなかった。

ナイジェリアを2度目のW杯出場に導いたトルシエの人気も絶大で、白い呪術師に率いられた日本は、まるでホームで戦っているかのような声援をナイジェリアの観衆から受けた。準決勝でウルグアイを2対1と破り初の決勝進出を決めた後、稲本をはじめとする選手たちは、スタジアムの外で待ち受けて祝福する地元の人々と、一緒になってダンスを踊り喜びを分かち合ったのだった。

「この大会はもう私の手を離れた。あとは黙って見守っているだけだ」

カメルーン戦との初戦を前に、トルシエは私に小声で語った。日本を発つ直前に、彼は派手なスキャンダルを引き起こしていた。ブルキナ合宿でトルシエは、ディフェンダーの金古聖司を負傷で失った。左膝十字靭帯断裂および半月板損傷という重傷で、トルシエの代名詞でもあるフラット3の中核のひとりを欠いたディフェンスラインの補強は急務だった。またオーバートレーニング症候群で市川大祐もチームを離脱した。トルシエが追加招集を考えたのは浦和レッズの池田学とジェフ市原の阿部勇樹、林丈統だったが、3人ともナイジェリア渡航の際に義務づけられた黄熱病など6種類の予防接種を受けていなかった。自らFIFAに問い合わせ、6つのうちいくつかは必要ないとの回答を受けたトルシエは、ふたたび日本協会に池田と阿部の招集を求めたが認められなかった。FIFAが認めるものを日本協会は認めない。トルシエからしたら理不尽極まりなかった。

A代表のブラジル戦（3月31日、東京・国立）を控え、26日にパリに向かって出発するユース代表を空港に見送りに行ったトルシエは、そこで団長の大畠襄と顔を合わせた。慈恵医大教授の大畠は日本サッカー協会医事委員長でもあり、追加招集にダメ出しをした張本人でもあった。チェックインカウンターの前で、トルシエはいきなり大畠に食ってかかった。

だが、そんな大人げない態度で事態が改善されるわけもない。発露を誤った情熱は行き場を失い、日本協会との戦いに敗れたトルシエは、ワールドユースへの意欲も失くしてしまったのだった。

気落ちした指揮官の鬱屈《うっくつ》した感情に、ナイジェリアで自分たちのプレーを見せることしか頭にない若き戦士たちは何の影響も受けなかった。グループリーグ緒戦のカメルーン戦は1対2の逆転負け。試合終了間際（89分）の逆転劇だったが、小野を中心に中盤を完全に支配し、内容ではカメルーンに優っていた。敗戦から自信を得た彼らは、続くアメリカ戦で苦戦を強いられながら3対1とモノにすると、最終のイングランド戦は石川竜也のフリーキックと小野のループシュートでつけ入る隙を与えずに完勝。石川の先制点の直後には、4基の照明塔のうち2基が消える停電のハプニングに見舞われたが、まったく動揺を見せなかった。日本とカメルーン、アメリカが2勝1敗で並んだが、得失点差で日本の1位通過が決まった。この試合の後から、山本コーチに代わりトルシエが監督会見に出席するようになった。いちどはモチベーションを失くしたトルシエが、再び戦闘モードに入ったのだった。

ノックアウトステージに入ってからも、日本の勢いは止まらなかった。ラウンド16ではユース年代の育成では定評のあるポルトガル（1989年、91年にワールドユース2連覇）をPK戦――既定の選手交代を終えた後にゴールキーパーが退場となり、フィールドプレイヤーが急造GKを務めたポルトガルに、日本はかえって苦戦した――の末に破り、準々決勝では本山と小野のゴールで2対0とメキシコに快勝した。メキシコはキャプテンでリベロのラファエル・マルケス（後にFCバルセロナで活躍。グループリーグではフリーキックで2得点を決めていた）を出場停止で欠いたのが痛かった。

「日本にとっては次のウルグアイ戦が決勝だ。決勝を戦うつもりで試合に臨む」

試合前日の会見でトルシエは、詰めかけた日本とナイジェリアのメディアに向かってそう語った。チームを鼓舞するためのアジテーションだと、このときは思っていた。そして彼の言葉通り、高原と永井のゴールで日本はウルグアイを2対1と下し決勝進出を果たした。FIFA主催の世界大会で、日本が決勝に進んだのはこれが初めて。歴史的な快挙だった。

だが、このウルグアイ戦で、小野が累積2枚目のイエローカードを受け、決勝に出られなくなった。主審に選手交代を気づかせるために、スローインを遅らせたのが遅延行為と取られての警告だった。大会を通じて小野のパフォーマンスは安定していたものの、傑出していたわけでもなかった。彼抜きでも決勝を十分戦えると思ったが、大黒柱を欠いた選手たちが受けた精神的なダメージは予想以上に大きく、チームのパフォーマンスに甚大な影響を与えた。

また決勝は、試合開始直後にGK南雄太がオーバーステップの反則――当時のルールでは、ボールを持ったGKは6歩以上歩いてはいけないことになっていた――をとられ、試合の流れが決まってしまった。間接フリーキックから早々（5分）に失点を喫した日本は、以降、ズルズルと失点を重ねていいところなく4対0でスペインに敗れた。日本の勝利を期待して、試合前から湧きかえっていたスタンドも、沈黙するばかりだった。

その後の展開を示唆するようなウルグアイ戦前のトルシエの発言。キャプテン小野の警告と出場停止処分。普通はまず取られることのない、南のオーバーステップの反則……。何か大きな力が、決勝では働いたのではないか。日本ではなくスペインに勝たせようとする大きな力が。その思いにずっと囚われていた。

トルシエにも何度か尋ねた。どうしてウルグアイ戦の前にあんなことを言ったのかと。答えはこうだった。覚えているのは大会から10年以上たった後、パリ郊外の彼の自宅を訪問した際に、一緒に散歩に出たときの彼の言葉だった。

「スペインは実力的に突出していた。日本が決勝に進んでも、勝つのは難しいことは戦う前からわかっていた。だからウルグアイ戦に全力を賭けたんだ」

だが、シャビやイケル・カシージャス、ガブリらを擁したスペインも、グループリーグではブラジルを2対0と破りながらザンビアとは無得点の引き分け。ノックアウトステージに入っても、日本と同等の実力のアメリカとは3対2の接戦で、準々決勝のガーナ戦は1対1のまま延長に突入し、ＰＫ戦（8対7）でようやくガーナを振り切っての勝ち上がりだった。試合を見ていないので何とも言えないが、トルシエが言うほどに突出しているようには思えなかった。

改めてウルグアイ戦のビデオを見直すと、小野への警告は不自然ではなかった。審判は露骨な時間稼ぎに対して厳しい態度で臨み、小野に限らず誰に対しても警告を出していた。だが、本当のところはどうなのか……。トルシエの言葉にも一度は納得したが、イビチャ・オシムはこう語っている。

「レフリーの恣意的な判定（いわゆる八百長のこと）は、ここボスニアリーグでたしかに存在する。だが、われわれのようなプロのコーチが見ても、どれがそれに該当するのかはわからない」と。

ハッキリしているのは、私たちがあずかり知らぬ背後で何があったにせよ、スペインは純粋にプレーのクオリティーで日本を上回っていたことであり、何の抵抗もできずに敗れ去った試合の後では、透明な悲しみばかりが残ったことだった。

トルシエはこの決勝に、それまで一度も出番のなかった氏家英行を、小野伸二の代わりに先発させた。当時の評価は「練習でも一度も試したことがない奇策は通用しなかった」であった。だが、それだけなのか。

「（2002年W杯のチュニジア戦で）小笠原満男が6分間だけだが出場し、控えGKと秋田豊を除いた全員がW杯のピッチに立った。この経験が、2006年とそれ以降に生きることになる」と、トルシエはあるとき私に語った。

プロの闘いである以上、勝負は何よりも大事。だが、勝負と同じぐらい大事なことも他にある。そう考えて戦いに臨み、選手を起用するのが正しいのか否か、私には正直判断できない。多数派の意見では間違いなのだろうとも思う。

ならば氏家の決勝での45分間（後半開始から稲本潤一と交代）や小笠原のチュニジア戦の6分間は、その後の彼らのサッカー人生にどんな影響を与えたのか……。トルシエとはそんな指導者だった。

ナイジェリアから凱旋したユース代表は、国をあげて歓迎された。チームを決勝まで導いたトルシエも、一躍ヒーローに祭りあげられた。だが、トルシエへの賛辞は長くは続かなかった。南米連盟から招待を受けたコパ・アメリカでは1分2敗とグループリーグ最下位に沈んだばかりか、1999年の国際Aマッチを1勝もできずに終わった（7戦4分3敗）。このA代表の不振が、翌年のトルシエ解任騒ぎへと繋がっていくのだった。

## ▽解任騒動

「今日は、メディアはどう伝えているのか。何か新しいことはあるのか？」

耳にした携帯の向こうから聞こえてくるトルシエの声は沈んでいる。私も声を潜めて彼の問いに答える。

「いや、特に何もないです。そちらの様子はどうですか?」

「早朝から記者たちが家の前で張っているから外出もできない」

こんなやりとりを、私たちは何日も続けていた。毎朝、トルシエに電話をかけて、その日の新聞に何が書かれているかを知らせる。トルシエは自分の状況を私に説明する。明るい話題はまったくない。ふたりとも手短に報告し合うと、暗い気持ちで電話を切る。その繰り返しだった。

トルシエは、日本協会からの知らせを待つだけのまな板の上の鯉。そんな彼を、私もただ見ていることだけしかできなかった。


トルシエ解任の報が流れたのは、日本がソウルでの韓国との親善試合に敗れた2日後、2000年4月28日のことだった。朝日新聞が朝刊の1面で報じ、NHKの朝のニュースがそれに続いた。新聞の見出しは「サッカー日本サッカー代表トルシエ監督解任　W杯はベンゲル氏に」であり、6月で契約が切れるトルシエとは契約延長をせず、ベンゲルを次期代表監督候補に絞り最終調整に入っているという内容だった。

朝日がスクープし、NHKがそれに続く。これほど確実な事実はない。ところが日本協会は正午に、朝日の報道を「事実無根」とする会見を開き、解任を否定した。しかし夕刊では読売と毎日も朝日の後を追い、「トルシエ解任」は既成事実として一気に加速化していった。

翌日からはスポーツ新聞が加わって、メディアをあげての報道合戦が始まった。トルシエのコメントを取ろうと、テレビや新聞などが大挙して彼が住むマンションに押し掛けた。建物の前で、トルシエが出てくるのをひたすら待っている。もちろんトルシエは、じっと家にこもったままである。狂乱は数日で収まったものの、幾人かの記者がトルシエ番として彼のマンションを見張るのが日常化したのだった。

これにはトルシエが驚いた。ヨーロッパはもちろんアフリカでも、記者はそんなことをしないからだ。電話をかけてコメントを取るか、アポを取り直接会って話を聞くか。

「私が喋《しゃべ》らないのはわかっているはずなのに、彼らはそのためだけにわざわざやって来る。どうしてそんな無駄なことをするのか」

自宅の呼び鈴が日に何度となく押され、妻のドミニクが買い物に出かけた際も、記者が通訳を介して質問を投げかける。トルシエには理解できないメンタリティーであった。

私が違和感を覚えたのは、ベンゲル招聘《しょうへい》が決まりであるかのように伝えられたことだった。原稿を書いたであろうと思われる朝日の記者に尋ねると、裏は取ったから間違いないという。それは日本サイドの裏であって、ベンゲルの側の裏ではないだろう。もしベンゲル本人に直接取材していたら、彼が日本に来るなどとは絶対に書けない。ベンゲルにその気がないことは、彼と継続的にやりとりをするなかで肌で感じていた。アーセナルの仕事と日本代表の仕事では、彼にとってどちらが大事か。優先順位は明らかだった。ただ、トルシエとは異なり、誰に対しても友好的なベンゲルは、決してはっきりノンとは言わない。しかも愛着を感じている日本である。無理だとわかりながらも、日本の役に立てる可能性を残しておきたいと考えても不思議ではなかった。

実際、アーセナルとの契約をほどなく更新し、ベンゲル招聘《しょうへい》の可能性は消滅した。それでもトルシエ解任論はなくならず、日本代表が参加するハッサン2世杯（2000年6月、モロッコ）の出場メンバー発表まで、ほぼ3週間にわたり騒ぎは続いたのだった。

木之本興三の回想（『日本サッカーに捧げた両足』。初代Jリーグ専務理事であった木之本は、初代チェアマンの川淵三郎が創設に参画する以前から、森健兒らとともにプロリーグ設立に奔走した、Jリーグ立ち上げの影の立役者であった。このときは日本サッカー協会・強化推進本部副部長も兼任して、トルシエとお互いの感情をストレートにぶつけあうやりとりを重ねながら、W杯に至るトルシエジャパンをサポートした）によれば、記者からの電話で情報をリークしたのは木之本自身であったという。日本代表をサポートしつつ、同時に監督の評価もおこなう強化推進本部の7人が出した結論は、4対3でトルシエ解任だった（木之本自身は留任に投票）。だがそれは、強化推進本部の結論であって日本協会の決定ではない。記者にはそう釘《くぎ》を刺したが、ベンゲルを『心の恋人』と公言してはばからなかった別の協会幹部の言質を得たのだろう。朝日はトルシエ解任とベンゲル招聘を1面に打ったのだった。

このころ、日本代表を担当する記者たち――とりわけスポーツ新聞の記者たちは、トルシエに共感を覚えはじめていた。言葉や態度は相変わらず滅茶苦茶だし、メディアへの攻撃的な態度を改めることもなかったが、サッカーに対しては極めて真摯《しんし》で、日本サッカーを進化させようとする情熱には何の混じり気もないことに、彼らも気づきだしたからだった。ただの軍隊式スパルタコーチではない。指導はきめ細かく、選手のことも十分に配慮している。

相手を理解しようとする機運は、両者の間に芽生えはじめていた。現場とデスクの見解の相違から紙面には反映されなかったが、トルシエの指導力を評価した多くの記者たちは、契約更改を支持していた。

だが、記者たちには、やらねばならない仕事があった。

「トルシエもスポーツ紙を味方につけておけば……。僕らだってファンと同じで、彼に監督を続けてほしいと思っている。でも（リークで）情報が出てくる以上、僕らとしては書かざるを得ないんです」

そう語ったのは、あるスポーツ紙で日本代表を担当する記者だった。思いは同じなのに、それが形にならない。ボタンのかけ違いはどこで起こったのだろうか……。

同じころ、私は横浜の中華レストランでおこなわれた日本サッカー狂会の総会に出席した。総会といっても実質は懇親会である。周囲のテーブルでは、友人でもある狂会員たちが、「トルシエの次の代表監督はベンゲルがいい」、「いや、エメ・ジャケ（１９９８年フランスＷ杯優勝監督）が来てくれれば」などと、楽しそうに話していた。彼らの屈託のない会話に、トルシエと暗いやりとりを日々続けていた私の心はさらに落ち込んだ。自分と彼らの立ち位置の違いも痛感した。

「もう、この人たちと心を通わせることはないのだろうな」と、このときに思った。以来、年会費は今も払い続けているが、狂会の集まりに顔を出したことは1度もない。

解任騒動は、岡野俊一郎・日本サッカー協会会長がトルシエ留任の意志を固め、6月20日にトルシエと会談して2002年W杯はトルシエで臨むことが確認されて収束した。ベンゲルの招聘《しょうへい》が難しいのが日本でも明らかになったことと、会談前に参加したハッサン2世杯（モロッコ）で日本が世界チャンピオンのフランスと2対2で引き分け（結果はPK戦の末に敗北）、フランスW杯で敗れたジャマイカに4対0と大勝したことで、トルシエに対する批判も急速に鎮静化した。以降、日本協会は、木之本の強化推進本部が中心となって、トルシエジャパンをW杯まで全面的にサポートしていく。

ハッサン2世杯の後、日本に戻る前にトルシエは、23歳以下の代表チームで争われるトゥーロン国際大会を視察した。日本からは大学選抜が初参加したが、目的は前評判の高かったコートジボワールを見ることだった。そしてこの大会には、ベンゲルも視察に訪れていた（後にコロ・トゥーレをASECアビジャンから獲得）。すでに日本協会から留任を伝えられていたのだろう。カクテルパーティーでトルシエは、すっかりリラックスしてベンゲルやジャンフィリップ・レータッケル、ジャンマルク・ギウー（トルシエと入れ替わるようにASECアビジャンでアカデミーを創設し、トゥーレ兄弟やロマリック、ディディエ・ゾコラなどコートジボワール代表10数人を育てた世界的な指導者）らと談笑していた。2002年に向けて、彼が最大の困難を克服したことを私も実感できた。

2000年はトルシエと日本代表にとって、新たなスタートとなるはずの年だった。

彼は自身がどんな形で日本代表に関わるか、さまざまなケースを想定していた。もちろん本音はW杯までの4年間をまっとうしたいのだろうが、日本協会との契約は2000年6月までの2年間である。シドニー五輪予選とアジアカップ予選を通過したら、10月まで延長するオプションがついていた。そうであるから彼は、当初は「日本の野心的なプロジェクトの最初2年間を任された」という言い方をよくしていた。「そこから先は、例えばアーセン・ベンゲルが引き継ぐことになるかも知れない」と。あるいはベンゲルが2年間日本代表を指揮するのが難しければ、W杯直前まで自分がチームを監督として統括し、最後の2～3カ月をベンゲルが引き継ぐことも可能であると。ベンゲル監督＝トルシエコーチで本大会に臨む。

また、日本代表というチームにも、彼には独自のコンセプトがあった。

「ピッチの上で戦う11人が代表ではないし、ベンチに座る選手を含めた22人が代表でもない。私の戦術とプレースタイルを理解し、考え方を共有する40〜50人の大きなグループが日本代表である」

そのうえで段階を踏んでチームを構築していく。最初はユース代表。ワールドユースが終わった後は、ユースの選手たちを五輪代表のグループに統合する。その時点でA代表も含めた大きなグループを形成し、そこからA代表と五輪代表のふたつのチームを選抜する。そしてシドニー五輪（2000年9月）とアジアカップ（同10月、レバノン）が終了した後に、グループは維持したままチームをひとつにする。

トルシエは、自分の考えを幾度も私に説明した。チームつくりだけに限らない。何かアイデアが浮かぶと、それを整理する意味もあったのだろう。私に説明することで、考えをより明確に、具体的にしていった。話しはじめると1時間では終わらない。説明のために図や言葉を書き込んだ紙を、後の参考にするためにもらおうとしても、最後は文字だらけで真っ黒になり用をなさなくなってしまうのだった。

チームのベースに彼が考えたのが、ワールドユース組の若い選手たちだった。ブルキナ合宿とナイジェリアでの本大会という濃密な体験を共有することで、黄金世代はトルシエサッカーの理解を急激に深めていった。成長過程にあり考え方も柔軟な若者たちは、トルシエのコンセプトやスタイルに抵抗なく馴染んでいった。エキセントリックなトルシエの性格にも免疫ができて、適当にやり過ごせるようになっていた。

「彼らが五輪代表に合流したとき最初からリラックスしていて、トルシエと過ごした時間の長さを感じました」と、五輪代表のある選手は語っている。

他方でトルシエは、フランスW杯組にはそれほど期待していなかった。もちろんチームにはベテランの力も必要。若さだけでは大人のチーム（A代表）とは戦えない。

「だが、日本の未来を担うのは彼ら若者たちだ。私が作るのは２００２年に向けてのチームだが、彼らが本当のピークを迎えるのは２００６年のドイツW杯だ」（トルシエ）

融合は、最初からスムーズにいったわけではなかった。トルシエが実践するスタイルはイチかゼロしかない。フラット3のディフェンスが機能するか否か。オートマティックなボール回しにより相手ディフェンスに隙を作れるか否か、である。ワールドユース組は、どちらも無難にこなせるまでになった。だからこそナイジェリアの地で結果を出すことができた。だが、ユース代表ほど練習に時間をかけておらず、また順応性も高くはないA代表の選手たちには、スムーズな連携がなかなか作り出せなかった。特に攻撃面でそれが顕著だった。

新たな始動となった年明けの香港・マカオ遠征で、シンガポール、ブルネイ、マカオ（ともにアジアカップ予選）といった相手には危なげなく勝ったものの、その前のカールスバーグカップ（香港）ではメキシコに敗れ（0対1）、香港選抜とも無得点の引き分け（勝敗はPK戦の末に勝利）。得点力不足がメディアの批判を浴びた。それはトルシエの契約更改に大きな影響を与えるとみられた中国戦（3月15日、神戸。無得点で引き分け）や韓国戦（4月26日、ソウル。0対1で敗戦）でも続いた。

「日本協会からのオファーを私は待っている」

結果はともかく内容的には決して悪くはなかった韓国戦の後で、トルシエは謙虚に語ったが、渦巻く批判にかき消された彼の声と真意が、日本協会まで届いたとは言い難かった。

この時期で唯一ともいえるポジティブな出来事は、トルシエが三浦知良を《発見》したことだった。

「私にとってカズは驚きだった。真のプロフェッショナリズムを持ち、自らの経験を積極的に若手に伝えていこうとする。チームを作っていくうえでは、彼や中山のような成熟したベテランの存在は不可欠だ」

カズにとってもトルシエとの出会いは衝撃で、得たものも大きかった。トルシエには曖昧さが一切なかった。プレーのコンセプトや練習プログラム、チーム構成、なぜカズや中山のようなベテランを呼び、彼らに何を期待しているか——プレーもそうだが練習に取り組む姿勢や、試合に出られなくともどういう態度で毎日の生活を過ごしているかを示すことだと、トルシエは選手たちの前でハッキリと説明した。模範となるべき選手がチームには必要で、彼らの存在がチームを強くすると。ベテランの存在価値を日本で確立した監督として、カズはトルシエを高く評価している。トルシエとの出会いが、33歳になろうとしていたカズ自身をも勢いづけたと。

トルシエが、カズを代表に招集したのはハッサン2世杯までだった。ジャマイカ戦で名波浩に代わり交代出場したカズは、日本の4点目を決めている。それはカズにとっては、今後再び選ばれない限り日本代表での最後の得点となる、通算55点目の得点であった。

だが、その後もトルシエのカズへの信頼が失われることはなかった。W杯を前に、彼はカズを選手にアドバイスを与えるアドバイザーとしてスタッフに加えようとした。8年前のアメリカW杯の際に、イタリア代表がルイジ・リーバ（イタリアの太陽と呼ばれた戦後イタリアを代表するストライカーのひとり）をアドバイザーとしてスタッフに招聘《しょうへい》し、負傷を抱えてプレーを続けたエースのロベルト・バッジョを精神的に支えて決勝進出を果たしたように、カズにも選手たちの精神的な支柱になることを期待した。

だが、現役の選手であることに強いこだわりがあったカズは、トルシエの申し出を断った。トルシエにしても、カズが50歳を過ぎた今も現役を続けているとわかっていれば、カズにそんなオファーは出さなかっただろう。代わりに彼は、中山雅史と秋田豊のふたりを選手として招集した。

「中山や秋田はいつでもチームに加えられる。彼らは今日選ばれても、自分たちが何をすればいいのかよくわかっている」と言うトルシエにとって、カズに代わるふたりはチームを完成させる最後のピースであった。

### ▽軌道修正

熱弁をふるうトルシエの声が部屋中に響き渡る。詰めかけたメディアは、忍耐強く彼の言葉に耳を傾け続ける。渋谷にある日本サッカー協会の一室。2001年4月25日、コルドバでおこなわれる日本代表の次の国際親善試合、対スペイン戦のメンバー発表会見は、はじまってからすでに1時間が過ぎようとしていた。それでもトルシエの説明は終わらない。

大敗したフランス戦（3月24日、サンドニ。0対5で日本の敗北）で、守備のどこに問題があったか。アジアの戦いでは超攻撃的なシステムで相手を圧倒できても、世界のトップ相手にはそうはいかない。世界で戦うためには攻守のバランスの再考が必要。それには具体的にどうすればいいのか……。

ホワイトボードを使ってフォーメーション図を描いての説明は、自分の考えを整理し、それを私に理解させるために私に語りかけるのとまったく同じで、トルシエは記者たちの理解を求めていた。日本メディアに対しては高圧的であったり、ときに人を食ったりといった態度で臨むことも多かったトルシエが、言葉を駆使してメディアを説得しようとしていた。

フランス戦の後、パリ郊外シュレンヌの自宅で過ごしたトルシエは、W杯に向けてチームをどう軌道修正していくか、考え抜いた末の結論が攻守のバランスの再考であり、守備重視にシステムをシフトすることであった。フランス戦の敗北は、それほど大きな衝撃をトルシエに与えていた。

「バカロレア（フランスの大学入学資格試験）に失敗した学生の気分だ」

試合後の記者会見で、トルシエは日仏メディアの前で淡々とコメントした。

「2年半かけて築いてきたことが、何も発揮されなかった。この現実を謙虚に認めることから、われわれははじめねばならない」

私はそこまでやり方を変える必要はないと思っていた。試合に臨んだ状況が、引き分けたハッサン2世杯と大敗したサンドニでは大きく異なっていた。サンドニの試合は、日本は新しいシーズンが開幕した直後で、まだ選手の調子が上がっていない時期だった。一方でフランスはシーズンの真っただ中であるうえに、地元の観客の前で世界チャンピオン兼ヨーロッパチャンピオンが、日本を相手に2試合連続でふがいない戦いをすることは絶対に許されなかった。さらに試合当日は大雨が降り、日本のパスワークが発揮できなかったうえにコレクティブな攻守の連携も封じられた。フランスにとってはＥＵＲＯ２０００前の最後の調整であり、日本が絶好のコンディションとモチベーションで臨んだハッサン2世杯とはすべてが真逆だった。たしかに個の力の差が顕著に表れた試合ではあったが、異なる条件のもとで戦えば日本も十分にやれるという思いがあった。

だが、トルシエはそうは考えなかった。

「アジアでは攻撃的なサッカーができたが、世界のトップ相手には同じようにはいなかい。攻撃的かどうかは、あくまで相手との力関係の問題であるからだ。アジアチャンピオンのタイトルは、世界チャンピオンと戦うときには何の保障にもならない。アジアチャンピオンのプライドはひとまず脇に置いて、現実を見つめねばならない」

考え方の違いではある。例えばガンバ大阪は、２００８年ＦＩＦＡクラブワールドカップ準決勝で、高速パスサッカーの攻撃的スタイルを貫き通しマンチェスター・ユナイテッドを相手に壮絶な打ち合いを演じた。結果は3対5で敗れたが、その姿勢はアレックス・ファーガソンユナイテッド監督にも称賛され、見るものに爽快なカタルシスを与えた。その前年、浦和レッズはACミランと同じ準決勝を戦い、0対1の僅差で敗れた。守りを固め、勝負にこだわる戦い方だったが、力の差はいかんともしがたく内容的にも地味な試合となった。

もしもサンドニのフランス戦を、日本とフランスが同じチームコンディションとモチベーションで戦っていたら、また雨にぬかるピッチではなかったら、結果もガンバとマンチェスター・ユナイテッドのように、3対5とか2対4になっていたのだろうか。それならば、負けてもメディアやサポーターは納得できる。カタルシスも得られる。だが、フランスは、日本戦直後のアウェーのスペイン戦（3月28日、バレンシア。2対1でスペインの勝利）こそ敗れたものの、前後のドイツ戦（2月27日、サンドニ。1対0でフランスの勝利）もポルトガル戦（4月25日、サンドニ。4対0でフランスの勝利）も内容的に完勝している。恐らく日本は、やはり1点も取れないままに失点を重ねただろう。生半可なロマンティシズムが通用する相手ではない。

フランス戦の後、ルイス・フェルナンデス（当時パリ・サンジェルマン監督）とともに観戦したスペイン対フランス戦の際に、トルシエは私にこう語った。

「日本はサウジアラビアと同じ間違いを犯してはならない。サウジは1996年にアジアチャンピオンになり、その後何の努力もせずにフランスW杯に臨み大敗した。日本の再建には選手個々の進歩が不可欠。なぜならシステムはこれ以上は進化しないからだ。また選手の入れ替えも必要。例えばフランス代表選手を私のシステムに当てはめると、今よりずっと強くなる。それと同じことだ。

フランスもスペイン戦には攻撃的なロベール・ピレスを外して守備的なクロード・マケレレを中盤に起用するディフェンシブな布陣で臨んだ。世界ランキング2位のフランスはそれでよかったが、42位の日本はさらに守りを強化しないと失点は防げない。これが現実だ」

スペイン戦に向けトルシエは、波戸康広や上村健一といった「技術的にはさほどではないが、フィジカルが強く戦える選手たち」を招集した。結果は、アディショナルタイムに入ってからの失点で敗北。強さを買われ出場した上村が負傷退場した直後の不運な失点であったが、フランス戦で失った自信を取り戻す契機にはなった。

消極的な戦いにメディアの批判を一時的に浴びたが、新たなバランスを得た日本は、5月

30日にはじまったFIFAコンフェデレーションズカップ（各大陸チャンピオンと世界チャンピオン、開催国により争われる大会。このときは2002年日韓W杯のプレ公式大会と位置づけられた）で、カナダに快勝の後に鈴木隆行の2ゴールで難敵カメルーンを破り、ブラジルと引き分けて首位でグループリーグを通過。準決勝では中田英寿が直接フリーキックを決めてオーストラリアを下し、フランスとの決勝に進んだ。フランス戦は中田のチーム離脱（中田が所属するASローマとは、当初グループリーグ3試合のみの出場で合意が得られ、日本が準決勝に進んだことでさらに1試合延長された。だが、決勝を前に中田はイタリアに戻り、セリアA優勝目前のローマに合流した）もあり0対1で敗れたが、日本はFIFA主催の世界大会でA代表が初めて決勝に進む快挙を達成した。翌年に迫ったW杯に向けて、大きな自信を得たのだった。

その後、秋にはイタリア代表が来日し、こけら落としとなる埼玉スタジアム2002で日本代表と親善試合をおこなった。セリエAの精鋭たちを相手に、日本は一歩も退かぬ戦いを見せて結果は1対1の引き分け。試合後にトルシエは、「チームは完成した。明日、ワールドカップが始まってもわれわれは戦える」と高らかに宣言した。この後も選手のシャッフルはあるのかという私の問いに、彼は「いや、チームもほとんど固まった。選手たちは力を示した。ここから先の大きな変更はない」と答えた。

だが、本番の7カ月前にチームがピークを迎えたことで、2002年に入ると日本は、選手の怪我や病気による離脱の問題に悩まされるようになる。エコノミー症候群に見舞われた高原直泰は、結局、大会には間に合わなかった。また攻守のバランスの見直しは、別の深刻な問題を引き起こした。それは日本が誇る3人のゲームメイカー、中田英寿と中村俊輔、小野伸二を、チームのなかでどう配していくかという問題である。W杯の代表に誰を選ぶか巡って、日本中が熱い論争に巻き込まれていくのだった。

## ▽中田、中村、小野

タクシーのなかで、私はひどく焦っていた。トルシエとの約束の時間がすでに過ぎようとしている。だが、運転手によると、目的地まではまだもう少しかかるという。向かっているのはスペイン、カタルーニャ地方の小都市マラベージャ。この街の郊外で日本代表は、レアル・マドリードとの親善試合（5月7日、マドリード。1対0で日本の敗北）を終えた後も、次のノルウェー戦（5月14日、オスロ。0対3で日本の敗北）に向けて合宿を続けていた。W杯前の最後のロングインタビューをここでおこなうことになっていた。ようやく施設に到着したときには、約束の時間から30分以上遅れていた。敷地の入り口にひとりたたずみ私を迎えたトルシエは、私の謝罪の言葉にも「はるばるマドリードから来たのだから仕方がない」と、笑って受け流してくれた。

W杯期間中の日本代表の拠点を葛城北の丸（静岡県袋井市）に置いたように、また代表合宿をJヴィレッジで頻繁におこなったように、郊外の隔絶された場所でトレーニングに集中するのが彼の好みだった。周囲に何もないマルベージャの施設にも、都会の喧騒《けんそう》とは無縁のゆったりした時間が流れている。W杯の初戦となるベルギー戦（6月4日）まではもうひと月を切っている。だが、すでに沸点に達しようとしている日本の狂騒も、ここまでは届いてこない。23人の最終メンバー発表を間近に控え、選手それぞれの胸中には緊張感が高まりながらも、彼らもまた最後の静かなひとときを味わっていた。

インタビューを終えて、ふたりでロビーのカフェで談笑していたときだった。鈴木隆行が、大勢のスタッフと一緒に外出から戻ってきた。この日の午後は自由時間で、街に繰り出したり部屋で静かに寛いだり、選手たちは思い思いのときを過ごしていた。にぎやかにわれわれの前を通り過ぎる一行を見ながら、トルシエは小声でこう呟いた。

「見たか。鈴木はオープンで、誰ともよく喋《しゃべ》る。彼がいるとチームのムードも盛り上がるし、カメルーン戦の2ゴールのように、何かやってくれそうな期待感が彼にはある」

実際、先制されたW杯初戦のベルギー戦で、同点ゴールを決めたのが鈴木だった。小野伸二の後方からのふわっとしたロングパスを、2人のディフェンダーに競り勝ちながらつま先でねじ込んだ、いかにも鈴木らしい強引なゴールだった。相手の先制点からわずか2分後の得点は、不安な気持ちで前半を戦った日本に自信と勢いを与えたのだった。

このとき、トルシエの言葉はそれだけで終わらなかった。鈴木について語った後に彼はこう続けた。

「中村がここを通ったのも見ただろう」

鈴木が通りかかるしばらく前に、中村俊輔もふたりのスタッフとともに外出から戻って来た。その雰囲気は鈴木とは対照的で、陰と陽のコントラストをふたりは作り出していた。

「中村はいつも親しい人間としか一緒にいないし周囲に心も開かない。そこが鈴木との大きな違いだ。彼はベンチに座ってチームの役に立つタイプではない。スタメンとしてピッチに立つか、それとも選ばないか。他の選択肢は考えられない」

中村がW杯のメンバーに選ばれることはないな、とこのとき思った。トルシエが代表選手に求める姿から、中村はかけ離れすぎていた。もしも中村が、ワールドユース組のようにブルキナやナイジェリアを経験していたら、中村自身のメンタリティーもトルシエの評価も変わっていたかも知れない。だが、中村はまだナイーブなままだった。小野や稲本ら、ひとつ下の世代以上に。彼が成熟していくのは、日韓W杯後の2002年7月に移籍したレッジーナ（イタリア）で苦難を経験してからである。そして彼の才能を高く評価したゴードン・ストラカン監督が、《俊輔システム》とでもいうべき、中村が能力のすべてをピッチ上で発揮できるよう、チーム全体が彼のために働くシステムを構築したセルチック・グラスゴーで、才能を全面的に開花させていくのだった。

中田と中村、小野。個性は三者三様である。唯我独尊で自己の哲学もしっかり確立している中田と、天性のリーダーシップを持ち常に模範的な小野。ふたりに対して中村は、永遠のサッカー少年だった。中村から感じられるのは、少年が抱くサッカーへの純粋は愛である。

試合の後も彼は、メディアの前で素直な気持ちを延々と喋《しゃべ》り続ける。そんな中村に、誰もが好感を抱いた。中村がトルシエに起用されないことに業を煮やしたあるベテランアナウンサーは、日本のフリーキックの場面で「ここで中村俊輔かあ！」と絶叫した。サッカーでは野球の代打やアメリカンフットボールのトライフォーポイントのように、特定の場面で特定の目的のためだけに選手交代をすることなどあり得ない。フリーキックにしても、いくら名手とはいえいきなり交代出場で出て蹴れるものではない。そんなことは百も承知のうえで、くだんのアナウンサーは叫んだのだった。自分たちは中村をそれだけ求めていると、日本国民とトルシエに知らしめるために。

3人はプレースタイルも異なっていた。今日、トルシエは中田を次のように評している。

「ヒデにはフィジカルの強さ、力強さがあった。技術的にも確固としたベースがあるから容易にボールを失わない。決して怪我をしないし、大きな動きを作り出すことができた」

中村と小野は、中田よりも繊細でエレガントだった。ただ、小野が柔らかなタッチのダイレクトプレーを得意としたのに対し、中村はボールを足元に置いて優雅にプレーするという違いがあった。そしてふたりとも、アタッキングサードに入ってからの力強さを欠いていた。トルシエが中田をトップ下、中村と小野をアウトサイドで起用したのは、合理的な選択でもあった。彼が10番として必要としたのは、ゴール前でも戦える選手であったからだ。

あるとき、トルシエから小野へのメッセージを託された。これからヨーロッパに行っていくつか試合を見る。当時、小野が所属していたフェイエノールト・ロッテルダムの試合にも行くと告げると、「小野には『君は日本のベッカムになってくれ』と伝えてくれ」と言われた。デヴィッド・ベッカムは、中盤アウトサイドのプレーヤーながら正確なキックとパスのセンスで、新しいゲームメイカー像を確立しようとしていた。ヨーロッパの当たりの強さを肌で体感し、ベルト・ファンマルバイク監督（後のオランダ代表監督。２０１０年南アフリカW杯準優勝）の配慮で、フェイエノールトではボランチやアウトサイドでもプレーしていた小野には、トルシエのメッセージの意味がハッキリ理解できたはずだった。だが中村には、トップ下への強いこだわりがあった。そして中村がW杯を戦う23人のメンバーに入るか否かは、国民的な関心事となっていた。

5月17日、木之本興三が読み上げた23人のリストに中村の名前はなかった。足首の負傷が完全に癒えなかった中村に代わり、トルシエが選んだのは三都主アレサンドロだった。そして初戦の相手であるベルギーの視察（5月18日、サンドニ。対フランス戦。2対1でベルギーの勝利）のため、ヨーロッパに滞在し続けたトルシエも私も、発表の場に居合わせなかった。理由を追究する機会を奪われたメディアは不満を木之本にぶつけたものの、選んだ当事者ではない木之本が具体的な選考理由を語るハズもなかった。

「トルシエがかわいそうになっちゃったよ。『ベルギーの視察と選手発表ではどちらが大事なんですか？』なんて質問されるんだから」と、後藤健生は会見の様子を私に伝えたが、私もまったく同感だった。

マラベージャでトルシエはこんなことも語った。

「日本はW杯でグループリーグの3試合だけを考えればいい。3試合を戦ってノックアウトステージに進むことだけを目的に4年間準備してきた。そこから先のことは考えなくていい。日本がW杯でベスト8に進んだら、それはグーニョンがクープ・ド・ラ・リーグ（日本のルヴァンカップに相当）で優勝するようなものだ」と。

トルシエやベンゲルと同期に監督ライセンスを取得したアレックス・デュポン——私も2

002年釜山アジア大会で、カタール代表を率いて参加したデュポンとは親しくなった――に率いられたグーニョンは2000年、リーグドゥ（2部リーグ）所属ながらクープ・ド・ラ・リーグの決勝に進出。パリ・サンジェルマンを2対0と下して初優勝を果たした。2部のチームが同タイトルを獲得するのは史上初の快挙だった。

正直驚いた。たしかにそうかも知れないが、ちょっと待てよと思った。日本のノルマはグループリーグの突破。そのためにトルシエは招聘《しょうへい》された。だが、そこから先だってあるだろう。ノルマを達成した先には、さらなる冒険が待っている。そのことも少しは視野に入れておくべきではないか。そう思って彼にはこう言った。

「グーニョンも優勝できたのだから、日本だって同じことができないとも限らない。その可能性も踏まえて、準備を進めるべきではないのか」と。

トルシエは何も答えなかった。沈黙は、後のトルコ戦（W杯ラウンド16。2002年6月18日、宮城）への、彼の無言の回答だったのだろうか……。

## ▽冒険から挑戦へ

「あんな終わり方だと、どうにもスッキリしないよなあ……」

ＪＲ仙台駅のホームで川淵三郎（当時Ｊリーグチェアマン兼日本サッカー協会副会長）に挨拶すると、彼はほんの少し微笑みながら私に向かってそう語りかけた。前日の雨が止んだ仙台には、一転して青空が広がっていた。２００２年6月19日早朝、私たちは東京に向かう新幹線の到着を待っていた。

「素晴らしい冒険が終わった。日本は大きなダイナミズムを作り出した。このまま成長を続ければ、２００６年はさらに素晴らしい結果を得られるだろう」

前日、トルシエは、日本のW杯をそんなふうに総括した。ベルギーと引き分け、ロシアとチュニジアに連勝した日本は、グループHを首位で通過してノックアウトステージ・ラウンド16でトルコと対戦した。相手のトルコは、ブラジル、コスタリカ、中国と同じグループCで、コスタリカと同じ勝ち点3ながら、得失点差で上回ってノックアウトステージ進出を果たしたチームだった。優勝したブラジルが、本調子になるのはノックアウトステージに入ってからのこと。グループリーグで安定した強さは見せたのは、対戦相手に恵まれたからとみられていた。その「恵まれた対戦相手」のひとつがトルコであった。

トルコについて、メディアも詳しい情報を持ち合わせていなかった。サポーターの関心も低かった。日本がグループリーグを突破するにしても2位通過で、ラウンド16ではブラジルと当たるというのが大方の予想だった。私も日本がイタリアと埼玉スタジアムで引き分けた（2001年11月7日）3日後に、オーストリアとトルコの欧州プレーオフ第1戦をウィーンで見ているが、アウェーで1対0の勝利をもぎ取ったトルコに対しては、老獪《ろうかい》な戦い方をするチームだなというぐらいの印象しか残っていなかった。

未知であるから弱い、のではない。トルコはオーストリア戦で見せた老獪さを、日本戦でもいかんなく発揮した。先制され、ボールは支配しながらゲームは相手にコントロールされる。この試合だけに限らない。後のW杯の戦いでもしばしば見られる、日本が陥りがちな罠《わな》である。

だが、トルコ戦は、日本国民のほとんどが固唾《かたず》を飲み、勝利を期待した試合だった。なのに時間だけが空しく過ぎ、日本はなすすべなく敗れた。埋めることのできない虚しさを、人々の心に残しながら……。

「フィリップの取材がまったくできない。会って話が聴けないから原稿が書けない。これでは仕事にならない」

Jヴィレッジでも、また葛城北の丸にベースを移してからも、ジャンフィリップ・コワントの不満は収まらなかった。レキップ紙でサッカーを担当するコワントは、フランスでも屈指のアフリカのスペシャリストである。トルシエとの付き合いも長く、トルシエがアフリカで初めて指揮を執ったコートジボワール時代から彼をよく知っている。孤独に耐えかねたトルシエが電話をかけてきて、夜通し何時間も話したこともあったという。

その経験を買われて、日韓W杯で彼は日本代表を担当した。1994年アメリカW杯には、レキップ紙とレキップ・マガジン誌、フランス・フットボール誌あわせて42人の記者とカメラマンを送り込んだレキップ社は、日韓W杯にも30人を超える取材陣で臨んだ。その大半を占めるレキップ紙の記者たちは、キャップやコラム担当など数人を除きそれぞれが一カ国または複数の国を担当するか、開催都市を担当する。優勝候補には複数の担当者をつける。担当国が敗退したら、別の担当に回り最後まで残るか、帰国して即バカンスに旅立つ。それがフランス流の取材のやり方であった。

コワントにすれば、自分とトルシエの仲であれば、大会前も大会中も自由に話ができると思っていた。ところが合宿では、共同取材の場は設けられても個人では話ができない。携帯に電話をかけても一度も出ない。通訳がつかないから選手の取材もできない。まさに八方ふさがりであった。

自らも取材を受けないうえに選手の取材も制限する。日々のメディア対応に出てくるのは数人の選手だけで時間も限られている。今日では当たり前となりメディアも当然のように受け入れているが、当時はまだ練習の後は選手全員がミックストゾーンでメディアの取材に応じるのが日本の習わしであった。メディアの不興は買ったが、選手やスタッフが準備に集中できる環境を作り出すことに、トルシエは心血を注いでいた。

私はといえば、試合を中心にスケジュールを組んだ。日本戦だけは前日に会場入りして前日会見も聴くが、他はすべて当日会場入りするフランスW杯とほぼ同様の組み方である。それもほとんどが日本中心で、韓国に行ったのは開幕戦と準決勝のみ。北の丸には一度しか行かなかったし、トルシエにも一度も電話しなかった。すべてが終わるまでは、彼に応える余裕などないとわかっていたからである。

日本は順調に勝ち進んだ。ベルギー戦を引き分けで終えて重圧から解き放たれると、負傷の森岡隆三に代わり先発した宮本恒靖が守備ラインをよくコントロールし、稲本潤一が決勝ゴールを決めてロシアからW杯初勝利をもぎ取った。さらにチュニジアには、前半こそ攻めあぐんだものの交代出場の森島寛晃とエースの中田英寿のゴールで快勝。日本は思い描いた最高の結果でグループリーグを突破した。ベルギー戦の視聴率は58・8％（歴代スポーツ中継視聴率第9位。ビデオリサーチ関東地区調べ、以下同じ）、ロシア戦は同第2位の66・1％、チュニジア戦にしても45・5％である。興奮は最高潮に達していた。

そこでトルコ戦である。日本代表にいったい何が起こったのか。すべてが終わった後に、トルシエはこう語っている。

「ノックアウトステージに進出して目的は達成された。つまりチュニジア戦が、4年間の集大成だった。対してトルコ戦は、2006年まで選手を導く新たなプロセスの、最初の試合として位置づけられるべきものだった。それは選手たちにも試合前に言った。より厳しいプロセスがこれから始まる。新しい精神と新しいアプローチが必要だし、責任も重大であると」

同じ大会でありながら、4年をかけてすべてを準備した3試合と、その3試合の後で、対戦相手より1日少ないわずか3日のインターバルで臨んだ新たな試合。トルコ戦はそんな試合だった。グループリーグの3試合との間には大きな断絶があった。

敗因については、さまざまな理由があげられている。グループリーグを突破して、選手もスタッフも達成感に満たされてしまったこと。疲労（鈴木隆行）や負傷（柳沢敦）により2トップの変更を余儀なくされ、トルシエがギャンブルに出たこと（三都主アレサンドロと西澤明訓の先発起用）。スタンドからピッチまでが遠く、しかもスタンド全体をカバーする屋根もなく、雨に濡れた宮城スタジアムのこれまでとは違った雰囲気……。トルシエは、日本の経験不足が敗因の第一であったと言う。

「日本はまだ若い。このレベルの大会での成熟度がまだ足りない」

和田一郎の分析はもう少し具体的である。ガルフカップ（2003年12月〜04年1月）がおこなわれたクウェートの地で、和田は私にこう語った。

「すべてを戦術やシステムに戻して議論するのは、僕はおかしいと思う。ベルギー戦の2失点目の大きな要因は何だかわかりますか。あれだけクレバーな宮本が、あんなに単純なラインコントロールをミスするなんておかしいと思いませんか（日本の失点は、ボールをクリアした後にDFラインを上げようとした裏を突かれてのもので、フラット3の戦術的な弱点と言われた）。変だと思ってビデオをいろんな角度から何度も見直しました。で、ようやく見つけたんです。宮本がラインを下げるために戻ろうとしたとき、前線から戻ってきたウィルモッツにわざとぶつかられて、一瞬バランスを崩して戻るのが遅れてしまう。その穴を突かれてベルギーの同点ゴールが生まれるんです。

トルコ戦もそうです。どうしてコーナーキックのときにユミッド・ダハラがフリーでヘディングできたのか。松田直樹が行こうとしているんです。でも、彼は、ハッサン・サスにユニフォームを引っ張られて出ていけなかった。

専門家やマスコミは、フィリップの戦術やシステムを批判し、それが悪いから失点したようにいいますけど、実際のポイントは別のところにあった。宮本とは話しました。もっと個が強くならないと駄目だなって。彼もそうですねと頷いていました」

ブラジルとドイツの決勝（2002年6月30日、横浜）を前に、トルシエは東京に残っていたフランス人記者たちのために懇親会を開いた。行きつけの蕎麦《そば》屋を借り切っての昼食会に参加したのは、ほとんどがレキップ社の記者たちだった。彼らの質問は当然ながらトルコ戦にも向けられたが、トルシエは多くを語ろうとはしなかった。

トルコ戦の敗戦は、カタルシスを伴う美しい敗北にはならなかった。もちろん負けてもなお満足感が得られる敗北などそうそうあるものではない。見守る私たちも、日本代表にそこまで求めたわけではなかった。

ただ、こう思うことはある。もしもトルコ戦が0対0のままで決着がつかず、PK戦にもつれ込んでいたら。勝ち上がった先に待ち構えているのはセネガルだった。フランスと並ぶ優勝候補のアルゼンチンは、死のグループ（アルゼンチン、イングランド、スウェーデン、ナイジェリア）といわれたグループFでグループリーグ通過を果たせなかった。代わって勝ち上がったスウェーデンを破り、セネガルはベスト8に名をあげた。2001年の欧州遠征で完敗（10月4日、ランス。0対2で日本の敗北）したセネガルが手強い相手であるのは間違いないが、トルシエが選手たちに語ったように日本の前にはベスト4への道が開けていた。トルコ戦を乗り越えていたら、日本が新たなダイナミズムを生み出していた可能性は高く、偉業の達成も決して不可能ではなかった。

日本が敗れた直後に韓国がイタリアを破り、さらにスペインも破ってベスト4に進んだ（準決勝でドイツに0対1で敗れ、3位決定戦でトルコに2対3で敗れた）ことが、グループリーグ突破だけで終わった日本のパフォーマンスを色あせたものにした。韓国の躍進は、1954年の初出場以来W杯でずっと苦杯を舐め続けてきた国の、蓄積されたエネルギーの爆発であった。ただ、それが、当時の韓国の等身大の勝利であったかどうかと問われれば、私にはハッキリそうだとは答えられない。季節外れのクリスマスプレゼントという印象も個人的には強い。

日本は違う。ドーハの敗北（実際にはイラク戦は、敗北ではなく引き分けだが）が結果的に必然の敗北であったように、トルコ戦の敗北は日本の等身大の敗北だった。そのことだけは間違いない。

# あとがき

今年、日本サッカー協会は創立１００周年を迎えた。日本へのサッカー伝来は諸説あるが、いずれにせよ初めて日本で試合がおこなわれたのは１８６０年代の後半から１８７０年代のはじめにかけてであるから、およそ１５０年前ということになる。

その長く、大半はか細い歴史のなかで、オランダ人ハンス・オフトのもと初めてアジアカップに優勝した１９９２年から今日までの30年間は、他に例を見ない濃密な時期であった。ミシェル・プラティニ（１９８３〜85年バロンドール受賞者。前ＵＥＦＡ会長、ＦＩＦＡ副会長）が、セビージャでのフランスと西ドイツのＷ杯準決勝――１９８２年７月10日、延長戦の末に３対２で西ドイツの勝利。フランス人にとって最も印象深いＷ杯の試合は、Ｗ杯史上最高の試合と評価の高い86年メキシコ大会準々決勝のブラジル戦ではなく、フランスが１９５８年以来24年ぶりに準決勝に進んだ西ドイツ戦であった――を、「まるでひとりの人間の人生を辿るような試合」と表現したように、日本の30年間もサッカーに目覚めた少年が熱い思いを抱えた青年となり、大人として成熟するまでの過程であった。実年齢は関係ない。メディアでいえば大御所的な立場のベテラン記者も、また私のように取材をはじめたばかりの新米記者も、日本が当事者として参加するW杯の世界を知らない、プロリーグの実態を知らないという意味では同じだった。

ヨーロッパや南米のサッカー大国が100年以上かけて辿ってきた道のりを、日本はこの30年間で体験した。ピッチ上でプレーを体現した選手はもちろん、コーチや指導者、サッカー協会やJリーグ、サポーター、そしてメディアも。誰もが少年時代から青年期を経て大人になっていった。ドーハの経験を経た私自身が、自分が成長し成熟していくことが、日本サッカーが成長し成熟していくことだと信じていたし、その思いは今も変わっていない。そうであるならば、私は今、どこまで成熟したのだろうか。そして日本は……。

初めて訪れたフランス・フットボール誌編集部は衝撃的だった。1995年1月のある日、サウジアラビアでおこなわれた第2回インターコンチネンタルカップ（現FIFAコンフェデレーションズカップ）の帰りに寄ったパリで、ヴァンサン・マシュノーに招かれた当時の編集部は、現在のブーローニュ・ビランクールではなくイッシー・レ・モリノーにあり、同じ敷地内のレキップ紙編集部とは異なる建物に入っていた。

しばらく記者たちと談笑していると、突然彼らは部屋の中でサッカーをはじめた。机が並ぶ狭いスペースでの、オレンジ大のマスコットボールを使ってのミニサッカー。もちろん私も加わったが、「こいつらガキか」と本気で思った。まるで中学生が掃除の時間に箒やモップを使ってホッケーをしたり、ベランダでミニサッカーをするようなものである。いい年をした大の大人が、仕事時間中にそんなことをするとは思ってもいなかった。

一事が万事そんな風で、とにかく彼らは騒ぎまくり、悪戯をしまくる。仕事をしているようにはまったく見えない。というかしていない。昼に出社して社員食堂で昼食をとり、夕方には帰宅する。編集部に顔を出すのも週に3〜4回である。これがヨーロッパで最も権威あると言われる雑誌の実態かと思うと、開いた口が塞がらなかった。

だが、『プチ・ニコラ（フランスの人気絵本シリーズ）』の子供たちが、そのまま大人になったような「おバカで悪ガキな」記者たちが、翌日にはブエノスアイレスに赴き数日後にディエゴ・マラドーナのインタビューをおこなう。バルセロナに出向いてヨハン・クライフにインタビューする。マラドーナもクライフもサッカーの〝王様〟ペレでさえも、フランス・フットボール誌には一目置いている。ボラ・ミルティノビッチのような監督も、マシュノーの言葉に真剣に耳を傾ける。私はどんな記者になれば、彼らから対等な仕事仲間と見てもらえるのか。

「東京にはシュウイチがいるから、日本のことはアイツに任せれば大丈夫」と、どうすれば彼らに思われるようになるのか。そんなことを考えながら、30年間仕事を続けてきた。その結果がこれ（本書）かよと突っ込まれても、特に反論はない。

２０１８年7月15日、ロシアW杯決勝後の記者会見。クロアチアを4対2と下し、自身がキャプテンとして臨んだ１９９８年以来2度目の優勝を果たしたディディエ・デシャン監督の会見に乱入したフランス代表の若い選手たちは、デシャンにペットボトルの水をさんざん浴びせかけると、机に登って「混乱させてすみませんでした」と言いながら瞬く間に会場から消えた。1世紀近いW杯の歴史のなかで、私が記憶する限り初めてのハプニングであり、突然の嵐に見舞われたデシャンは洗礼を浴びた笑顔のまま会見をはじめた。

いかにもフランスらしい喜びの表現。こんな優勝もありなんだと思った。同じような日がきたときに、私たちはいったいどんな風に喜びを表すのだろうと思わずにはいられなかった。

2021年4月　コロナ禍で3度目の緊急事態宣言が発令されたばかりの東京にて。

田村修一

田村修一（たむら・しゅういち）

フットボールアナリスト。1958年生まれ。千葉市出身。早稲田大学政治経済学部卒。同大学大学院経済学研究科（フランス経済史専攻）中退。91年よりサッカー取材を始める。スポーツ総合雑誌「スポーツ・グラフィック　ナンバー」（文藝春秋）やサッカー専門誌のほか、欧州で最も権威のあるサッカー誌「フランス・フットボール」などに寄稿する。サッカー世界年間最優秀選手賞「バロンドール」の投票権を日本のジャーナリストで唯一持つ。著書に『オシム　勝つ日本』（文藝春秋）『山本昌邦　勝って泣く』（同）『戦地へ：フィリップ・トルシエの1353日』（双葉社）『トルシエ革命』（新潮社）など。

早稲田新書006

凛凛烈烈《りりれつれつ》　日本《にほん》サッカーの30年《ねん》
―人《ひと》は、プレーは成熟《せいじゅく》したのか

2021年６月29日　初版第一刷発行

著　者　田村修一
発行者　須賀晃一
発行所　株式会社　早稲田大学出版部
〒169-0051　東京都新宿区西早稲田１-９-12
電話　03-3203-1551
http://www.waseda-up.co.jp
企画・構成　谷俊宏（早稲田大学出版部）
装丁・印刷・製本　精文堂印刷株式会社


ISBN978-4-657-21011-1

# 早稲田新書の刊行にあたって

いつの時代も、わたしたちの周りには問題があふれています。一人一人が抱える問題から、家族や地域、国家、人類、世界が直面する問題まで、解決が求められています。それらの問題を正しく捉え解決策を示すためには、知の力が必要です。整然と分類された情報である知識。日々の実践から養われた知恵。これらを統合する能力と働きが知です。

早稲田大学の田中愛治総長（第十七代）は答のない問題に挑戦する「たくましい知性」と、多様な人々を理解し尊敬して協働できる「しなやかな感性」が必要であると強調しています。知はわたしたちの問題解決によりどころを与え、新しい価値を生み出す源泉です。日々直面する問題に圧倒されるわたしたちの固定観念や因習を打ち砕く力です。「早稲田新書」はそうした統合の知、問題解決のために組み替えられた応用の知を培う礎になりたいと希望します。それぞれの時代が直面する問題に一緒に取り組むために、知を分かち合いたいと思います。

早稲田で学ぶ人。早稲田で学んだ人。早稲田で学びたい人。早稲田で学びたかった人。早稲田とは関わりのなかった人。これらすべての人に早稲田大学が開かれているように、「早稲田新書」も開かれています。十九世紀の終わりから二十世紀半ばまで、通信教育の『早稲田講義録』が勉学を志す人に早稲田の知を届け、彼ら彼女らを知の世界に誘いました。「早稲田新書」はその理想を受け継ぎ、知の泉を四荒八極まで届けたいと思います。

早稲田大学の創立者である大隈重信は、学問の独立と学問の活用を大学の本旨とすると宣言しています。知の独立と知の活用が求められるゆえんです。知識と知恵をつなぎ、知性と感性を統合する知の先には、希望あふれる時代が広がっているはずです。

読者の皆様と共に知を活用し、希望の時代を追い求めたいと願っています。

２０２０年12月

須賀晃一